动动奶酪

又何妨

TRY SOME CHEESE

农业农村部畜牧兽医局　全国畜牧总站

中国农业出版社
北京

图书在版编目（CIP）数据

动动奶酪又何妨 ／ 农业农村部畜牧兽医局，全国畜牧总站编. —— 北京 ：中国农业出版社，2018.11（2022.11重印）
ISBN 978-7-109-24772-7

Ⅰ．①动… Ⅱ．①农… ②全… Ⅲ．①乳品工业-中国-问题解答 Ⅳ．①F426.82-44

中国版本图书馆CIP数据核字(2018)第238659号

中国农业出版社出版
（北京市朝阳区麦子店街18号楼）
（邮政编码100125）
责任编辑 周锦玉

北京中科印刷有限公司印刷　新华书店北京发行所发行
2018年11月第1版　2022年11月北京第4次印刷

开本：880mm×1230mm　1/32　印张：6.75
字数：190千字　印数：20 001～22 000
定价：48.00元
（凡本版图书出现印刷、装订错误，请向出版社发行部调换）

奶业是现代农业和食品工业的重要组成部分，是健康中国、强壮民族不可或缺的产业，是食品安全的代表性产业，是农业现代化的标志性产业和一二三产业协调发展的战略性产业。

党的十八大以来，我国奶业深化供给侧结构性改革，加快形成推动高质量发展的政策性体系、标准体系和统计体系，推动我国奶业在实现高质量发展上不断取得新进展，更好地满足人民群众个性化、多样化不断升级的乳品需求。但是，目前我国年人均乳制品折合生鲜乳消费量仅为36.9千克，相当于每天100克，远未达到《中国居民膳食指南》推荐的每天300克标准，仅为亚洲平均水平的1/2、世界平均水平的1/3。其中一个重要原因就是奶酪等干乳制品的消费比较低，成为制约我国乳品消费增长的突出短板。

奶酪的营养价值很高，素有"奶黄金"之誉。长期以来，受饮食习惯、生产成本、乳清利用等诸多因素影响，我国奶酪生产和消费水平很低。目前全国人均奶酪消费不到0.1千克，是世界平均水平的1/26。加快发展国产奶酪，能从根本上保护我国奶业可持续发展，对平衡奶源供需，丰富乳制品种类，带动奶酪副产品——乳清的国产化，减少国产婴幼儿配方乳粉对进口乳清粉的依赖，提高国产婴幼儿配方乳粉原料的自给力等具有重要意义。这也是新时代深化奶业供给侧改革、优化结构、促进奶业振兴的一个重要突破口。

近期，国务院办公厅印发《关于推进奶业振兴保障乳品质量安全的意见》，明确指出支持发展奶酪等干乳制品，为优化乳制品结构指明了方向。农业农村部党组书记、部长韩长赋高度重视奶酪推广工作，他指出："吃奶酪要从娃娃抓起，加强创意，宣传推动，久久为功，一定会有益广大青少年强身健体"。从今年开始，农业农村部启动了"奶酪校园推广行动"。发展奶酪产业，消费是关键，科普要先行。为深入开展奶酪推广宣传，农业农村部畜牧兽医局会同全国畜牧总站、中国农业出版社等单位组织编写了这本奶酪科普读物。

全书采用科普简本形式，集趣味性、知识性和实用性于一体，扼要介绍了奶酪的历史、制作、分类以及中外常见奶酪品种、外观特征、口感风味等知识，描述了奶酪营养和食用方法，推介了奶酪食谱，并附大量精美图片，帮助消费者树立健康消费观念，认知、选择和食用各种奶酪。同时，还介绍了部分民族传统奶酪，反映我国悠久奶酪历史和深厚奶业文化。相信奶酪将逐步走上国人的餐桌，让越来越多的人享受到奶酪的营养、美味和健康，感受"芝士"的力量。

编　者

2018年10月

奶酪
物语

　　对许多人来说，夹在汉堡包里那种淡黄色的切片，比萨饼上那层黏黏的拉丝，可能就是对奶酪的全部认知了。在过去，从童年就开始食用奶酪的人并不多，但毋庸置疑的是，在当代，奶酪的概念已不再陌生，它已走进了寻常百姓的生活。

　　通常人们对奶酪只有两种情感，或爱之如生命，或弃之如敝屣。不喜欢奶酪的人对奶酪嗤之以鼻，浓烈怪异的味道令他们感到不适；而对于热爱奶酪的人来说，这些都是无比美妙的存在。伴随咀嚼细品，美味传遍口腔味蕾，给人一种真切淋漓的幸福感，当香醇绽放舌尖的那一刻，便开启了非凡滋味的旅程。

　　现在，让我们一起打开奶酪世界的大门，探寻悠绵甄醇的奶酪故事。

TRY SOME CHEESE

Contents　目录

—— 第一部分 ——

话说奶酪

　　奶酪，色泽柔润、香气馥郁，多变的色香味总能使人着迷。闻之，浮想联翩；食之，回味无穷。作为奶食奇葩，奶酪独具魅力，以其浓郁醇香的味道、丰富跳跃的口感，令唇齿无比留恋，使喜爱奶酪的人津津乐道。

　　奶酪，又称为干酪、乳酪，英文"Cheese"。乳品业多用"干酪"一词，但普通大众习惯说"奶酪""芝士"。奶酪拉丁文"formaticus"，中国一些地区称"乳扇""奶豆腐"等。通俗说，奶酪是以牛（羊）乳、稀奶油、部分脱脂乳、酪乳或这些产品的混合物为原料，经凝乳并分离乳清而制成的新鲜或经发酵成熟的乳制品。

动动
奶酪
又何妨

> 中国北京三元食品股份有限公司再制奶酪生产线

一、奶酪历史

　　从古到今，人们怀着对营养和生命的理解，围绕神奇的乳汁，不断探寻激发灵感。不经意间，自然酸化的奶畜乳汁，启蒙古人迸发想象，把乳汁演绎成了奶酪，引发了顺应自然的一场大变通。虽然这种转化乳汁的智慧发生在久远的年代，但至今依然熠熠生辉，影响着我们的生活，令人叹为观止。

1.奶酪起源

古老遗存

关于奶酪的起源迄今没有定论。没有人确切知道第一次制作奶酪是在什么时候、什么地点。2014年，在中国新疆罗布泊小河墓地，科学家发现了公元前1615年的奶酪实物，距今已有3 600多年，堪称世界上迄今发现的最古老的奶酪遗存。由此推断，中国奶酪制作至少始于夏末商初，是中国西部民族一种非常古老的奶食。此外，远古苏美尔人所在的西亚地区以及欧洲地中海地区、埃及等地也有3 000年前的奶酪制作遗迹发现。

据考证，绵羊和山羊的驯化时间比牛早2 000～3 000年，因此有理由推测，羊奶酪的出现时间比牛奶酪要早，更何况生活在青藏高原的中国古羌人约在1万年前就已驯化了古盘羊（羱羊）。由此可见，正如人类许多发明一样，奶酪很可能也是在同一时代由不同部族发明的。有一种说法，是距今约1万年前的旧石器时代末期，当绵羊和山羊被驯养后不久，东方内陆地区如中国的西部、伊拉克东南部、地中海亚平宁半岛、印度河流域等广袤地域的牧羊人，就开始利用羊奶变酸凝固和乳清分离的现象，经干燥制成了一种简便而富有营养的食品——奶酪。

凝乳酶使奶酪首次变革

史料表明，人类早期的奶酪是依靠酸化凝乳来制作的，还没有用

> 中国新疆伊犁哈萨克自治州奶疙瘩

到凝乳酶，此期奶酪的风味很刺激，有的也很酸，如传袭至今的中国新疆等地的奶疙瘩（Milk Granule），直至公元3—4世纪欧洲罗马时代的凝乳酶型奶酪出现。虽然凝乳酶凝乳工艺起源于何地也不是很清楚，但这种不用酸化凝乳，而是用凝乳酶凝乳的方法，是奶酪的第一次变革。凝乳酶具有较好的凝乳性能，排除乳清效果好，使奶酪成品水分更低，在成熟过程中能形成独到的风味和质地。目前全世界75%的奶酪用凝乳酶制造。

进入中世纪后，遍布欧洲的各种宗教活动对农业和食品业产生了深远影响。当时许多戒斋日禁止人们吃肉，奶酪就显得非常重要了，这也是奶酪在欧洲快速发展的主要原因之一。至今一些知名奶酪的名称起源都与修道院有关，如英国的温斯利代尔（Wensleydale）奶酪、瑞士的泰特德默因（Tête de Moine）奶酪、法国的门斯特（Munster）奶酪和圣宝林（Saint Paulin）奶酪等。中世纪至19世纪中叶，奶酪在欧洲各地迅速发展，种类逐渐增多，各具特色。直到此期，全世界的奶酪仍都是以不杀菌的乳汁为原料制作的，直至19世纪50年代。

> 英国温斯利代尔奶酪

奶酪的二次变革

1856年，巴氏杀菌技术问世。应用巴氏杀菌方法成为奶酪生产的第二次变革。一些奶酪摆脱了手工制作，开始批量收集牧场的牛羊乳，统一进行杀菌，降低了微生物危害风险，同时，促进生产规模大幅提升。从此，许多奶酪生产商重视生产规范管理，专注研制发酵剂、凝乳酶和如何实现机械化制作，产量规模日益扩大。但是，即便巴氏杀菌法广泛应用于奶酪生产，也不排斥那些不杀菌奶酪的客观存在，目前世界各地仍有许多不杀菌奶酪品种，如早期的中国鞍达（Anda）奶酪、瑞士埃门塔尔（Emmentaler）奶酪、爱尔兰的米里斯（Milleens）奶酪、英国的兰开夏（Lancashire）奶酪等，虽然有的产量不大，但始终独树一帜，成为奶酪家族中的瑰宝。

方法迥异品种多

奶酪经过几千年岁月的演化，已经成为融合牧草、牛羊、时间、微生物以及奶酪匠人共同演绎的风土艺术，发展成今天各种奶酪的生产方法。全世界奶酪品种繁多，琳琅满目，形态、口感和风味丰富多样。截至目前，虽然联合国粮食及农业组织（FAO）和世界卫生组织（WHO）设立的国际食品法典委员会（CAC）制定发布了全球30多种奶酪技术规范，但由于全球各地奶酪的制作技艺都极具地域和民俗特色，制作方法不尽相同，风味和形态也不一样，参与国际贸易的奶酪品种及数量差异也很大，因此，CAC也没必要对所有的奶酪制作方法进行统一。

凝乳酶

　　古往今来，制作奶酪的凝乳方法有很多，如酶法、酸法、醇法等。其中，酸法是鼻祖，酶法是主流。所用酶统称凝乳酶，包括无花果、木瓜、生姜等的植物蛋白酶天然凝乳剂。过去，传统的凝乳酶（皱胃酶rennet）是从幼小的食草反刍动物（牛、羊）的胃提取的，后来用植物浓缩酶替代，但因数量少，很难满足大规模生产需要，于是，微生物凝乳酶和遗传工程凝乳酶开始广泛应用。中国在这方面取得了重大进步。

> 汁液可凝乳制作新鲜奶酪的中国无花果

> 图左下角黄色标识为荷兰哥达奶酪地理保护标志（PGI）

　　随着国际贸易日益活跃，奶酪商业价值凸显，一些国家和协会组织越来越重视奶酪知识产权保护，建立奶酪起源命名保护办法（PDO）或地理保护标志（PGI），规定一些奶酪必须在指定地区生产，采用传统配方和特殊标识，以保护本地传统奶酪。截至目前，法国规定原产地命名的奶酪比较多，有45种，其次是意大利、瑞士、英国。从这点看，奶酪原产地的重要性似乎超过了制作技艺本身。

2.中国奶酪

中国奶业历史悠久，源远流长。无论是古籍文献记载还是现代考古发现，无不证实中华民族不仅是奶业文明的创造者，也是奶业技术的发明者和践行者。

醴酪与华夏奶文化

中国奶文化研究发现，关于"酪"的较早文字记载出自先秦的《礼记·礼运》，记有"以炮以燔（fán），以亨（烹）以炙，以为醴（lǐ）酪"。这个"醴酪"出现的年代恰恰是农业和畜牧业起源时期，考古证明这个年代是距今7 000～10 000年的新石器时代，说明中国神农氏（炎帝）上古时代不仅发明了烧烤食物的方法，还掌握了用动物乳汁来制作酸化奶食——奶酪的技艺。由此可见，中国上古时期的奶文化雏形就初步形成，而且与奶酪密切相关。

因此，这也就不难理解为什么在中国新疆境内发现了世界上最古老的奶酪遗存，而不是世界其他地方。凿凿的考古发现和古籍记载，足以佐证任何历史时期，中国古人围绕乳汁包括奶酪的有关探索从未停止，不断满足民众营养需求，极大丰富了饮食文化宝库，成为中华民族宝贵的物质文化遗产。

秦汉南北朝时期的奶酪

中国秦汉时期的古籍描述北方民族饮食习惯时，常用"食肉饮酪""肉酪为粮"来形容。西汉远嫁乌孙的刘细君公主在乌孙（今新疆西部）生活期间创作的《黄鹄歌》中记有"以肉为食兮酪为浆"，描述了哈萨克族先民乌孙人饮食奶酪的习俗，说明在西汉时期，奶酪已是中

> 中国唐初莫高窟第321窟制酥图

> 元代忽思慧《饮膳正要·兽品》记载羊酪

国先民的重要食品。南北朝的贾思勰《齐民要术》卷六《作酪法》翔实地记载了奶酪的各种制作方法，指出"牛羊乳皆得。别作、和作随人意"。

传承交融

中国甘肃敦煌莫高窟的第321窟始于唐朝初期，窟壁上有一幅制作酥酪图，两个妇女一蹲一立，衣着艳丽，长裙拖地，正在一个类似瓮的细颈鼓腹容器上方用力搅动，再现了唐代制作酥酪的场景。元代忽思慧的《饮膳正要·兽品》记有"羊酪，治消渴，辅虚乏。"足见中国古人对奶酪认知颇深。北宋时期奶酪已进入东京汴梁开封，有家称为"乳酪张家"的著名食肆，因"烹乳酪之珍馐"而备受市民欢迎。

宋元时期，奶类食品包括奶酪是社会上常见的美食，但是，到了后来的明清时代，可能缘于人口由1亿人激增到3亿人，以粮食生产为主的农耕区域逐渐扩大，加之中国游牧民族退至漠北和西北、西南，中原地区饮食奶制品包括奶酪的习俗渐渐开始淡化，似乎转变为宫廷专享或食

疗滋补品。但是，即便这样，在民间仍能寻觅到奶酪的足迹。清朝《湖州府志·物产》记有"牛羊马乳皆可作酪作腐，乡土唯以牛乳作之，乳腐即乳饼。"说明即使在汉食文化盛行的长江中下游地区，制作和食用奶酪的习俗还在继续。

中国各地如今仍有许多不同形态的传统奶酪产品，深受群众喜爱。所用凝乳方法既有古老的酸法，也有当今流行的凝乳酶法，还有醇法等，并结合加热或浓缩，如宫廷奶酪（扣碗酪）、酪干等。奶酪在中国内蒙古被称为"奶豆腐"；在青海和西藏被称为"曲拉"；在广东被称为"乳饼"；在云南被称为"乳扇"；在新疆被称为"苏孜拜"，干透的苏孜拜哈萨克语称"库尔图"、汉语称"奶疙瘩"。

> 中国内蒙古奶豆腐

奶豆腐

奶豆腐（Milk Tofu）是中国内蒙古牧民日常生活饮食中的传统奶酪。奶豆腐蒙古语称"浩乳德"，一般是先将牛奶经自然发酵变酸后提走奶油，再经文火熬煮，一边搅动一边除汁除沫，待形成浓稠软团时，倒入雕有图案的奶豆腐模具里成型，置于阳光下自然晒干而制成。奶豆腐模具一般有桃子、石榴、月饼、鱼形、长方形等图案造型。由于发酵程度不一，奶豆腐味道通常由微酸到很酸不等，如加入适量糖即成酸甜味的奶豆腐，很受小孩喜爱。闲暇时，牧民常将奶豆腐泡在奶茶中享用。由于奶豆腐含水量低，贮存时间长，携带方便，许多牧民外出放牧或出远门都会带上奶豆腐作为干粮。近年，结合传统工艺，中国已开始工业化生产奶豆腐，例如，内蒙古正镶白旗乳香飘奶制品有限公司的"洒出日牌"、内蒙古正蓝旗长虹乳品厂的"老蓝旗牌"等，深受百姓喜爱。

乳扇

乳扇（Milk Fan）是中国云南白族等民族喜食的一种传统奶酪，系用热的木瓜酸水加入牛羊奶制成。乳扇出自白语"Yenx Seinp"。Yenx 是古汉语"乳"字的白语转读，seinp 是白语"丝线"的意思，古汉语译为"乳线"，不谙白语的人形容其"形如折扇"，因此，"乳扇"系半音半意之译。虽然白族的史籍在明初被焚毁殆尽，关于乳扇没有更早的确凿史料记载，但我们仍能寻觅到亘古沿袭的痕迹，如以元代《白古通纪》为蓝本的明朝《南诏野史》记有"酥花乳线浮杯绿"，由此猜测，乳扇可能出现在元朝。

可以想象，在800多年前，忽必烈大军南下云南，定居至此的蒙古族也许带来了遥远家乡的奶食味道。在云南，这种转化乳汁的奇妙手法一直流传至今。例如，大理手作商贸有限公司生产的"云手作牌"原味乳扇，油润光滑，香味浓郁，在当地颇具声望，吸引许多中外游客眷顾。

> 中国新疆塔城地区苏孜拜　　　　　　　> 中国新疆塔城地区奶疙瘩

奶疙瘩

　　奶疙瘩（Milk Granule），中国新疆哈萨克族群众也称之为"酸奶疙瘩"，颜色为白色或淡黄色，奶香浓郁，营养丰富。由于哈萨克族游牧生活需不断搬迁，不便携带太多食物，所以，从古至今，哈萨克族人利用鲜奶制作奶疙瘩，用作游牧时的食物。奶疙瘩不仅是哈萨克族人最喜欢吃的一种奶酪，还常作为礼品馈赠给客人。制作方法是先将牛奶发酵，然后装入布袋里吊起来，使水分滴尽，布袋里剩下的部分称为苏孜拜（Suzibai）。苏孜拜加凉开水溶解后称为"哈特合"，哈萨克、维吾尔、柯尔克孜等少数民族在传统迎春节日"纳吾热孜"时饮用；苏孜拜加适量盐搅匀后捏成团，放到芨芨草编制的席子上自然晾干即成奶疙瘩。晒干的奶疙瘩可存放很久，日常与奶茶一起食用。在冬季，奶疙瘩则是不可缺少的主食。

乳饼

　　乳饼（Milk Cake）也称为乳腐、牛乳片，是中国南方如广东、云南、广西等地群众常吃的一种奶酪。中国制作乳饼的习俗久远。广东和广西等地以水牛奶为原料，借助食醋凝乳制作乳饼；云南则用羊奶或牛奶为原料，通过用自然发酵羊奶的上层清液（称酸水）使奶蛋白凝固来制作乳饼。共同点都是凝乳后再沥干乳清取凝块而制成。其中，起源于明朝的广东顺德大良镇金榜村的乳饼名气不小，称"金榜牛乳"，不仅在中国内陆销售，而且在中国港澳地区和东南亚各国也颇受欢迎。云南乳饼则有"鹏程""恒盛""雨欧"等知名品牌，深受当地群众喜爱。乳饼不仅风味独特，可常温保存，而且吃法很多，可以煎、蒸、煮、烤或者蘸糖吃。百姓人家经常吃水煎乳饼，品其本味。青豆米烩乳饼，则是回族群众的传统美食。

> 中国西藏曲拉（奶渣）

藏族曲拉

曲拉（Qula of Tibetan）也称奶渣，是颇受中国藏族、裕固族等民族群众喜欢的一种硬质奶酪。曲拉制作历史悠久。通常是在提取酥油后的奶中添加适量酸奶引子进行发酵,再经熬煮和干燥而制成的不规则颗粒物。因打制酥油方式不同，曲拉的乳脂肪含量有所差别。用奶油分离器处理后的低脂牛奶制成的曲拉称为"机器曲拉"，含脂率低；而通过传统酥油木桶（或皮制袋囊）经人工打制后所分出的奶水再制成的曲拉称为"木桶曲拉"，含有一定的乳脂肪而奶香浓郁，牧民特别喜欢食用这种曲拉，常常与其他食品搭配制成可口佳肴。曲拉与糌粑及酥油混合食用称"卡斜"，与酥油混食则称"特达"，有时也用来制作各种藏式点心。

> 中国宫廷奶酪（扣碗酪）

宫廷奶酪

宫廷奶酪（Chinese Royal Cheese）也称扣碗酪、米酒酪，是传袭清廷皇家工艺的一种新鲜奶酪（Fresh Cheese），是中国传统新鲜奶酪的典型代表之一。在清代，许多极具特色的民族奶食进入宫廷，皇宫御膳房对其进行改进，形成了宫廷乳制品系列（Chinese Imperial Dairy Products），如宫廷奶酪、酪干（Dried Royal Cheese）等，选料严格、做工精细、品类丰富和创意奇巧，成为满汉全席经典奶食。宫廷奶酪传统制作是将新鲜牛乳溶解白砂糖，加入适量江米酒搅匀并分装入碗置于加盖的大木桶中，经桶内木炭火盆加热烘烤后，再冷却而成，滑润细嫩，凉爽清淡，奶香四溢，深受群众喜爱。北京市东城区南锣鼓巷的文宇奶酪店、北京三元梅园乳品店，以及各地奶吧、咖吧、糕点房等有此类产品制售，商家常称"原味奶酪"。

> 中国酪干（炒酪干）

酪干

酪干（Dried Royal Cheese）也称奶酪干、炒酪干，源于清朝皇宫御膳房，制作方法类似宫廷奶酪，使用醇法凝乳，经加热浓缩和炒制而制成，呈诱人的金黄色或琥珀色，常配以花生仁、杏仁、芝麻、葡萄干、核桃仁、瓜子仁等辅料，黏软耐嚼、满口余香，是北京地区颇具特色的传统奶酪，传袭至今。如创建于清光绪初年的老字号"奶酪魏"就是以擅长制作炒酪干而闻名京城，北京三元梅园乳品店等也常年制售酪干。制作要点是将鲜牛奶倒入锅中，预热到约80℃，加入适量白糖搅匀溶解，待煮沸后加入适量江米酒并搅匀，然后文火熬制并间隔分次地将大凝块分成小块，熬至水分（乳清）渐少且锅中凝乳呈糊状时，便开始快速不停拌炒直至变稠变干，加入适量核桃仁、杏仁等辅料，拌匀后出锅入盘，晾凉即成。

> 中国姜撞奶

姜撞奶

　　姜撞奶（Ginger Juice Cheese）也称姜汁奶，是中国南方地区一种别具特色的传统新鲜奶酪，100多年前起源于中国广东珠江三角地区，尤以目前广州市番禺区、佛山顺德区的姜撞奶知名。姜撞奶是以当地水牛奶为原料，利用生姜中的生姜蛋白酶使牛奶凝固而成，是典型植物蛋白酶型新鲜奶酪。口感香醇爽滑，甜中带有姜汁辛辣味，风味奇特，名扬中国珠江三角、港澳地区，以及东南亚，颇受海内外消费者喜爱。制作要点是将鲜生姜洗净去皮，磨碎榨汁置洁净碗中备用，将水牛奶加入砂糖搅拌溶解并煮沸，待奶温降至60～80℃时，按1汤匙姜汁兑500克奶比例，将牛奶倒入盛有姜汁的碗里，静置3～5分钟凝固后即成。美味关键在于"撞"字，奶在4～5秒内倒完，使牛奶与姜汁激情碰撞，甜与辣一瞬间融合，才能产生完美口感。有趣的是当地人将"凝固"有时称为"埋"，所以也称"姜埋奶"。

中国奶酪轶事

1972年美国尼克松总统访华期间，对两件事记忆深刻：一是周恩来总理宴请他时，将茅台酒点燃，这样的烈性酒还能饮用，他认为很神奇；二是竟然吃到了极其正宗的奶酪，而且是产自中国北方一个边陲小城，令其啧啧。这座小城就是黑龙江省安达市，让尼克松咂舌的奶酪就出自当时的安达县乳品厂，该厂始建于1952年，时为全国机械化程度较高的大型乳品厂，主要生产"红星牌"奶酪、乳粉等，是现在黑龙江鞍达实业集团股份有限公司的前身。

> 中国鞍达奶酪

鞍达奶酪

鞍达（Anda）奶酪源于1903年中国中东铁路通车，特别是1917年俄国"十月革命"胜利后，大批白俄移民沿滨州铁路线带入中国黑龙江省安达县等地的一种俄式奶酪，制作手法特别，称为"俄式不杀菌球型奶酪"。1920—1937年，白俄侨民开始雇佣李泰、郭万林等一批安达青年制作奶酪，后来这些人成为熟练的奶酪工匠。1945年后，中共东北行政委员会在安达县陆续开办了两家奶酪厂，这批奶酪工匠发挥了重要作用，1952年两厂奶酪总产量110吨。1956年，奶酪厂及职工全部并入国营安达县乳品厂，继续生产俄式奶酪50余年直至企业改制，2006年更名为黑龙江鞍达实业集团股份有限公司，至此，该奶酪技艺已流传100多年，传袭四代人。如今，黑龙江鞍达实业集团股份有限公司每年生产"鞍达牌奶酪"1 000多吨，堪称中国国产凝乳酶型硬质奶酪杰出代表，产品在当地乳品店全年有售。许多安达人从小就享用鞍达奶酪，常是家宴上一道必备菜，也是年节馈赠亲友的珍品，深受群众喜爱。

> 中国北京奶酪

北京奶酪

北京奶酪（Beijing Cheese）源于原北京东直门乳品厂（今东直门外东中街，隶属原北京牛奶公司），该厂于20世纪80年代引进北欧奶酪设备生产制作北京奶酪，供给各国使馆和涉外饭店等。北京奶酪属典型原味浸洗硬质奶酪，是初食奶酪者较易接受的一种奶酪，制作技艺类似荷兰艾达姆（Edam）奶酪。当小心翼翼地打开铝箔密封包装，淡淡的乳黄色奶酪映入眼帘，切一小块放入口中，温和、柔嫩、略带咸味的乳香充盈口腔，妙不可言。北京奶酪的特别之处，是在制作中要经过浸洗工序，把一部分乳清排除后，倒入热水，洗掉凝乳块中的部分乳糖。热烫和浸洗的水温越高，凝乳块脱去的水分就越多，奶酪的硬度就越高。北京三元食品股份有限公司一直生产北京奶酪至今，享誉京城。

> 中国国产再制奶酪（芝士片）

中国奶酪消费

改革开放以来，随着国民生活水平的持续改善，消费水平的不断提高，以及对饮食营养的更高追求，奶酪开始走近大众，奶酪消费市场悄然蕴蓄。据估计，目前中国市场奶酪实际年消费量约15万吨。预计未来中国奶酪消费量年均增长率在19%以上。

从中国国内奶酪消费情况看，麦当劳、肯德基、必胜客等西式餐饮驱动奶酪消费，主要是以再制奶酪（切片）和马苏里拉（烘焙）奶酪为主。如北京三元麦当劳芝士片年销售1 500多吨，肯德基芝士片500多吨，必胜客的马苏里拉奶酪1 000多吨，北京三元因此而成为目前中国生产奶酪数量最多的国有企业。中国奶酪消费群体趋向年轻阶层。很多有国外求学或生活经历的年轻人，对奶酪认可度高，是奶酪消费增长点。同时，随着生活工作节奏加快，一、二线城市白领族愈发倾向西式快餐休闲食品，成为较大的奶酪消费群体。2000年以后出生的青少年和儿童对新鲜事物接受能力强，也是奶酪消费的主体。

中国国内一般商店、超市中常见的是切片的再制奶酪（芝士片）、三角形再制奶酪，也有分装的半硬质奶酪、马苏里拉奶酪碎，以及一些国产新鲜奶酪和民族传统奶酪等。目前，中国国产奶酪生产企业有10多家，如北京三元食品股份有限公司、黑龙江鞍达实业集团股份有限公司、光明乳业股份有限公司、内蒙古蒙牛乳业（集团）股份有限公司、内蒙古伊利实业集团股份有限公司、内蒙古正镶白旗乳香飘奶制品有限公司、上海广泽食品科技股份有限公司、内蒙古正蓝旗长虹乳品厂、腾冲市艾爱摩拉牛乳业有限责任公司、宁夏塞尚乳业有限公司、云南皇氏来思尔乳业有限公司等。

> 中国腾冲艾爱手撕奶酪   > 中国宁夏塞尚奶酪

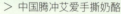

艾爱奶酪

　　艾爱奶酪（Aiai Cheese）产自中国云南省腾冲市，主要以水牛奶为制作原料。在中国云南腾冲的青山绿水间，自古孕育了一个神奇物种——中国槟榔江水牛。腾冲是槟榔江水牛的发源地，槟榔江水牛是中国至今发现的唯一河流型水牛。在腾冲市曲石镇出土的战国青铜器上发现了槟榔江水牛母子图，说明早在4 000多年前腾冲地区就有槟榔江水牛。在云南腾冲，若想品尝鲜嫩的马苏里拉（Mozzarella），可沿腾沪路出发至盈水社区的腾冲市艾爱摩拉牛乳业有限责任公司，在那里不但能观看到艾爱奶酪制作过程，还能免费品尝，更会由衷感慨什么才能称为"顺滑"和"醇香"。自2008年起，艾爱乳业按照意式技术一直批量生产马苏里拉奶酪，采用皱胃酶凝乳，每千克艾爱奶酪约用5千克水牛奶制成，其风味水牛奶酪干制作方法（即手撕奶酪）及油渍加味水牛奶酪和制作方法获国家专利，所产水牛奶酪系列产品销往全国各地，颇受用户欢迎。

小贴士

中国奶酪研制

东北农业大学乳品科学教育部重点实验室为中国奶酪发展起到了承前启后的作用，奶酪研制可追溯到20世纪80年代。同时，中国农业大学、内蒙古农业大学、江南大学、陕西师范大学、西北农林科技大学，以及三元、光明、蒙牛、伊利等乳业集团，内蒙古、吉林、黑龙江、云南、西藏等地的乳品企业，在筛选发酵菌种、研制适宜中国人口味奶酪和实现传统奶酪规模生产等方面取得了重要进展，为发展中国国产奶酪、造福国民做出了不懈努力。

塞尚奶酪

塞尚奶酪（Saishang Cheese）是宁夏塞尚乳业有限公司采用纳滤浓缩与生物水解等技术研制生产的一种新鲜软质夸克（Quark）奶酪。夸克奶酪最早起源于德国，目前风靡世界各地。塞尚奶酪的味道比奶油奶酪（Cream Cheese）稍酸，但脂肪含量只有一般奶油奶酪的20%。其特点是口感细腻绵滑，味道清爽，香气浓郁，适宜初尝奶酪人口味。由于很容易让人有饱腹感，所以，这款奶酪既可以作为餐前开胃菜，也可作为餐后甜点，还可以用来调制沙拉或煲制浓汤，或涂在面包片、饼干上食用。此外，还可以蘸附土豆、鲜味肠等一同烧烤，制作美味芝士蛋糕、冰淇淋、甜点等时尚食品，香味四溢，惹人垂涎，颇受青少年青睐。

> 中国云南皇氏乳业来思尔水牛奶酪

来思尔奶酪

来思尔奶酪（Lesson Cheese）产自中国云南大理州。如何使家庭牧场的水牛奶得到更好的充分利用，云南皇氏来思尔乳业有限公司做出了探索。大理有良好的水牛奶源保障，其中，南诏古都巍山县是大理文化发源地，当地政府在奶水牛饲养、牧草种植、青贮氨化池等方面给予支持，扶持发展奶水牛养殖；为改变当地水牛养殖户分散饲养和挤奶局面，实现集中挤奶与尽快收集，扶持建成了大仓镇幸福、小河两个养殖示范村，发挥辐射带动作用，成立奶水牛专业合作社三个，实现了集中挤奶与收购，为生产水牛奶酪提供了优质奶源。如今，批量生产的"来思尔"牌新鲜水牛奶酪（马苏里拉奶酪）极具特色，远销各地，颇受消费者青睐。

> 中国广泽股份妙可蓝多原味新鲜奶酪

妙可蓝多奶酪

妙可蓝多奶酪（Milkground Cheese）是上海广泽食品科技股份有限公司旗下的系列奶酪产品。自2008年起，该公司开始研发生产适宜中国人口味的系列奶酪产品，包括新鲜奶酪、马苏里拉奶酪等品种，统一冠以"妙可蓝多"商标。其中，妙可蓝多新鲜奶酪颇具特色，系以巴氏杀菌牛乳为原料，经乳酸菌低温发酵和凝乳酶凝乳后再分离部分乳清而制成，无需成熟即可食用，奶香浓郁，质地细腻，口感爽滑，特别适宜初次食用奶酪的人群，也可用于涂抹面包、拌水果沙拉等，深受国内消费者喜爱。

3. 国外奶酪

美国

美国奶酪制造业起步于19世纪，1851年第一家切达（Cheddar）奶酪厂在纽约州建成，虽然各州陆续建设了许多不同品种的奶酪工厂，但切达奶酪始终是美国产量最大的奶酪，其次是马苏里拉奶酪、奶油奶酪，以及科尔比(Colby)奶酪、杰克(Jack)奶酪和砖形(Brick)奶酪等。再制奶酪（Processed Cheese）和各种奶酪改进品种也很多。总体看，美国的非成熟型奶酪消费占有相当数量。1885年，科尔比奶酪制造起步于美国威斯康星州腹地科尔比郡，虽然与切达奶酪很相似，但有趣的是，有一个与众不同的特殊环节，就是对凝乳块进行淋洒凉水冷却，因此，科尔比奶酪质地明显比切达奶酪更富弹性，这是一种很好的创新。美国奶酪工厂约400家，拥有300多种奶酪，全美近一半的奶酪集中在威斯康星州和加利福尼亚州生产。

超市随处可见的美国奶酪（American Cheese）泛指按美国人口味而改良的美式奶酪，包括杰克奶酪和蒙特里杰克（Monterey Jack）奶酪等，其柔软型的成熟期不足1个月，而硬质型的成熟期是6个月。之所以称"美国奶酪"，是为了区分已定名的切达奶酪、科尔比奶酪、农家奶酪(Cottage)、马苏里拉奶酪等，因为这些奶酪不属"美国奶酪"范畴，因此，所说的"美国奶酪"并非严格概念上的一个奶酪品种。佛蒙特州等地的一些奶酪公司注重特色发展，生产风味绝佳的多种羊奶酪。美国联邦政府一直鼓励发展奶酪产业，民众对奶酪鉴赏能力也不断提升，全国每年人均消费奶酪约15千克。

> 美国科尔比奶酪

> 美国威斯康星州麦迪逊奶酪超市

魅力手工奶酪

　　近年，天然手工奶酪（Artisan Cheese）在世界奶酪市场上日益风靡。美国萨陀（Sartori）是手工奶酪类别中的一个杰出代表。创办于1939年，经历4代家族匠心经营，萨陀制作了许多荣获国际奶酪大奖的手工奶酪。帕玛森（Parmesan）、芳提娜（Fontina）、阿奇亚戈（Asiago）、罗马诺（Romano）等每一个芝士轮都凝聚了来自威斯康星州当地的新鲜优质奶源，再经奶酪大师精心制成独具特色的手工奶酪。启迪人们应把奶酪视为土地与资源、科技与艺术，家庭与社会、诚信与共赢、传承与创新的融合体，实现手工精髓与工业制造完美结合的认知和理解。

　　萨陀品牌家庭的每位成员都非常骄傲地沿袭着这种传统，与来自世界各地的美食爱好者分享优秀手工奶酪及其创造历史。萨陀原创的Bellavitano系列奶酪享负盛名，标志性地改变了北美少有手工奶酪的历史。Bellavitano是意大利语"美好生活"的意思，其中的金牌（Gold）原味是该系列首创作品。刚入口会有淡淡的焦糖甜味和奶香，随后伴有帕马森经典坚果味与醇香味，口感醇厚，还能品出陈年发酵产生的钙化结晶体，令舌尖味蕾顿生全新愉悦。另一款是梅洛红酒浸泡奶酪，口味独特，达到陈酿酒香和奶香的完美平衡。萨陀运用奶酪外表熟化赋味技术，创造出丰腴口感的意式浓咖啡味、黑胡椒味、柑橘姜等手工特色奶酪，启发世界奶酪制作者们传承美食真谛，不断制造出更多美味健康的天然手工奶酪。

> 美国萨陀牌帕玛森
手工奶酪

> 美国萨陀奶酪商标

> 加拿大的布里奶酪

加拿大

　　加拿大的魁北克素有"奶酪天堂"美誉，加拿大的大部分奶酪都产自这一地区。加拿大每年人均奶酪消费12千克以上。早期法国移民将布里（Bire）奶酪制作方法带到加拿大，英国切达奶酪制作技艺即其中之一，使得魁北克地区成为加拿大奶酪生产基地。

　　19世纪末，加拿大第一所奶酪学校成立于魁北克，使该地区成为许多奶酪制造公司的发祥地。魁北克圣保罗湾还建有一座奶酪博物馆，向游人展示奶酪史，推介奶酪制作和食用方法。

　　加拿大奶酪制造商在奶酪研发和推广方面很下功夫，使奶酪吃法层出不穷，奶酪配肉汁、薯条、蔬菜、果酒的浪漫品尝，喷香的奶酪烧烤和炙热的奶酪火锅陪伴人们度过漫漫严冬。上百种奶酪对应上千种配菜，成为美食者的至爱，缤纷的奶酪世界让人陶醉。

> 加拿大多伦多市的奶酪超市

> 法国玛瑞里斯奶酪

法国

从普罗旺斯到诺曼底，从布列塔尼到阿尔萨斯，法兰西的每个地方似乎都能找到一种独特的奶酪，可见法国奶酪品种之多。布里（Brie）奶酪、洛克福（Roquefort）奶酪、卡塔尔（Cantal）奶酪、卡门贝尔（Camembert）奶酪等颇负盛名，还有源于修道院的玛瑞里斯（Maroilles）奶酪、里伐罗特（Livarot）奶酪等也很有名气。布里（Bire）奶酪最早诞生于巴黎郊区的莫城。关于布里的传说有很多，当年罗马帝国查理曼一世途经这个宁静偏僻的小城，在布里修道院品尝了该种奶酪后，赞不绝口；路易十六在狱中还请求品尝最后一口布里奶酪。

最早的法国奶酪是在一种浅陶碗（Mortaria）里借助药草和酸乳清使乳汁凝固而制作的，用一小管排除乳清，如今在某些地区仍能看到这

> 法国沙比舒山羊奶酪（茶比丘波特奶酪）

种古老方法制作的软质奶油奶酪。法国早期多以绵羊奶、山羊奶为原料制作奶酪，如产于法国的沙比舒（Chabichou du Poitou）山羊奶酪、歇布（Chèvre）奶酪等。随着奶牛业快速发展，牛奶产量不再受季节影响，使牛奶成为奶酪的主要原料。随着新方法不断应用，法国奶酪品种越来越多，有人甚至说法国的奶酪可以天天翻新。许多奶酪制造商们动用法律手段来保护自己的制造秘诀。目前法国有45种奶酪依靠原产地命名赋予AOC标识加以保护。法国人习惯把奶酪作为礼物馈赠给尊敬的人。法国人喜欢惬意生活，即使家境拮据，只要有了一块弥香的奶酪，就拥有了最简单的幸福。法国每年人均消费奶酪约27千克。

<blockquote>＞ 意大利各式佩科里诺绵羊奶酪</blockquote>

意大利

　　意大利人的浪漫离不开奶酪。意大利奶酪制作历史悠久。罗马人起初不喝鲜奶，而是喜欢用无花果浆汁凝固山羊乳后制成新鲜奶酪享用。随着凝乳酶应用，意大利奶酪发展很快，到1世纪已有很多品种，其中，新鲜奶酪常用香草或香料调味，正餐必不可少的则是熏制奶酪等，奶酪甚至是罗马军队必备的军需品，也用于烹调、糕点等的制作。中世纪，波河流域(Povalley)等地的宗教活动促进了奶酪进一步发展，使古冈左拉（Gorgonzola）奶酪、帕玛森（Parmesan）奶酪（也称帕尔玛、帕尔梅散）、阿奇亚戈（Asiago）奶酪、格瑞纳-帕达诺（Grana Padano）奶酪等名气大振。由于天主教修道者和僧侣们不断扩充波河沿岸奶牛牧场规模，使牛奶逐渐替代了羊奶成为制作奶酪的主要原料。意大利其他地区缺少像波河流域那样的牧草资源，绵羊奶仍然是这些地区制作奶酪的主要原料，诸如拉齐奥、撒丁、西西里等地的羊奶酪，这些奶酪统称佩科里诺(Pecorino)奶酪。

> 意大利波萝伏洛奶酪

　　意大利奶酪生产方法各式各样。北部的阿尔卑斯山盛产山区奶酪，其中，马斯卡彭（Mascarpone）新鲜奶酪起源于12世纪伦巴第地区，据说因拿破仑钟爱而出名，系以不发酵的稀奶油为原料，用柠檬酸或酒石酸等酸凝乳方法形成凝乳，经滤布排除乳清而制成，质地细腻，口味平滑，可与大部分食物搭配食用，也用于制作提拉米苏（Tiramisu）等甜点。19世纪初，水牛在意大利开始规模化饲养，数量渐多。乡村的清晨，人们经常看到那些懒散的水牛被主人赶到一起开始挤奶。南部沼泽地区水牛为著名马苏里拉奶酪提供了丰足的奶源，同时，波萝伏洛奶酪（Provolone）以及用乳清为原料的里科塔(Ricotta)奶酪等也崭露头角。源于悠久奶酪历史和对奶酪的挚爱，意大利人始终致力生产优质上乘的奶酪，不断改善和扩大生产，促进了意大利优质奶酪的规模化生产。意大利每年人均消费奶酪22千克以上。

瑞士

　　瑞士奶酪历史悠久，早在公元前居住在瑞士的高卢先人（Gallia）就用简陋的工具来制作带有坚硬外壳的奶酪。这种奶酪耐贮藏，能抵御恶劣天气，可能是埃门塔尔（Emmentaler）奶酪、格鲁耶尔(Gruyère)奶酪的前身。自罗马时代起，瑞士就有奶酪交易活动和制作技艺输出，因此，有些品种在其他国家也比较常见，进而导致他国政府不得不采取措施保护本国的奶酪。瑞士大部分处于阿尔卑斯山脉腹地，水草丰腴，牛羊肥壮，为奶酪制造提供了充足的牛羊奶。奶酪是瑞士一大特产，品种丰富，而且大多是以产地命名，还规定一个地区只能生产属于本地的奶酪，所以，瑞士至今一直很好地保留了颇具特色的传统制作技艺。瑞士最有名的奶酪当属大名鼎鼎的埃门塔尔奶酪，还有格鲁耶尔奶酪等。

> 瑞士埃门塔尔奶酪（瑞士奶酪）

　　埃门塔尔奶酪个头很大，在横切面上布满许多大小不一的孔洞，这些洞是在加工制作时添加了丙酸菌而在发酵成熟过程中产生的奇妙孔洞，经精心修饰，覆盖绚丽彩贴，外观色彩非常漂亮，几乎堪称艺术品。质地特别是外皮较为坚硬，其浓郁的香味、丝滑的口感让人着迷。埃门塔尔奶酪是所有瑞士奶酪中最适宜切片直接食用的奶酪，有的重达80多千克，是世界上个头比较大的奶酪，有时也称"瑞士奶酪"。正宗埃门塔尔奶酪主要产自阿尔卑斯山的埃门塔尔小镇以及附近一些乡村。直到今天，瑞士的许多奶酪依然规定须用不杀菌的洁净原料乳进行制造。与其他国家相比，瑞士很好地保留了本国奶酪生产传统技艺，抵御住了工业化大规模生产的冲击，兼顾了传统奶酪工艺与现代机械化生产的两重性。

> 英国柴郡奶酪

英国

　　英国是知名奶酪的发源地之一。在罗马时代前，英国同法国一样也是用浅碗制作简单的软质新鲜奶酪，同时也制造硬质奶酪。此期的硬质奶酪一般是用低脂乳制作，经过长时间贮存，质地越发坚硬，英国人称为"白肉"，多是仆人或农夫食用。半硬质奶酪是由全脂乳或低脂乳制成，成熟期短，味道柔和，而新鲜奶酪则是供贵族享用，可谓奢侈品。著名的柴郡（Cheshire）奶酪在罗马时代已颇受欢迎，由于从贵族到士兵都非常喜欢，因此，罗马人想尽办法得到其制作的绝技，有个故事讲述了罗马人曾经在切斯特(Chester)绞死了一个奶酪制作者，因为他拒绝交出柴郡奶酪配方。自16世纪起，绵羊奶和山羊奶开始广泛用于奶酪制作，著名的切达（Cheddar）奶酪最初可能是用绵羊奶与牛奶混合制作的。

英国奶酪节

英国除了每年9月在威尔士卡迪夫举办大不列颠奶酪节外，每年5月还在格洛斯特郡的库珀山上举办奶酪追逐大赛，巨大的奶酪轮从山顶飞速滚下，参赛选手冒着受伤的风险奋力追赶奶酪轮，对胜者的嘉奖则是被追到的那只奶酪轮。

> 英国约克郡奶酪

19世纪以前，英国所产奶酪都是按质地分类，没有按起源地名分类，由于奶酪商业贸易活动不多，奶酪通常仅在本地市场出售，因此这一时期英国各种农家传统手工奶酪技艺保存很好。英国是青纹奶酪（Blue Cheese）起源地之一，盛产素有"奶酪之王"美称的斯蒂尔顿（Stilton）奶酪，与之齐名的还有约克郡(Yorkshire)奶酪、杰福克斯修道院制作的温斯利代尔奶酪。英国奶酪约在19世纪得到了较快发展，由于当时许多人开始探究奶酪的成熟机制，所以形成了许多品种。但是，随着19世纪中叶巴氏杀菌法的应用，奶酪生产工业化模式崛起，传统农家奶酪受到影响，许多手工奶酪逐渐消失。苏格兰生产新鲜奶酪，如比卡博克(Caboc)奶酪等。邓洛普(Dunlop)奶酪是本地传统硬质奶酪。爱尔兰的奶酪主要是农家奶酪和少量成熟型奶酪。

> 向游客开放的荷兰奶酪店

荷兰

　　奶酪几乎是荷兰的代名词。据记载，荷兰奶酪制造大约始于9世纪，产自荷兰北部的弗里斯兰省(Firesland)，当时主要供给查理曼皇宫（Charlemagne）贵族享用。到了中世纪，荷兰的奶酪制造业已成规模，在哈勒姆(Haarlem)、林登（Linden）和里沃登(Leeuwarden)等地建有专门奶酪计量所，人称"Kaaswaag"，用来统一规范奶酪的体积和质量。早期的荷兰奶酪有很好的贮藏性，不易变质而且方便运输，通过陆路运送到德国，以海运送到波罗的海、地中海等沿岸国家。多年来，荷兰奶酪持续出口各地。荷兰法律规定，所有奶酪都需用巴氏杀菌的原料乳来制作。除个别品种外，大部分奶酪都产自大型奶酪工厂。荷兰每年人均奶酪消费约18千克。

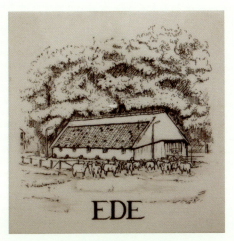

> 早期饲养绵羊的荷兰埃德村

　　奶酪与郁金香、木鞋、风车，合称为荷兰"四宝"。荷兰较负盛名的奶酪有哥达（Gouda）、艾达姆（Edam）、马斯丹（Maasdam）等。距首都阿姆斯特丹30千米的哥达镇是著名的奶酪之乡，荷兰半数以上奶酪都产自此地。产量最大的哥达奶酪就是以小镇名命名的，黄色蜡衣和大直径圆饼状是经典标志，俗称"黄波"。与哥达奶酪制作和风味相近的，还有以低脂牛奶为原料的艾达姆奶酪，最早起源于阿姆斯特丹北部的埃德（Ede）村，呈球形，最大特征是出口产品外包一层红色蜡衣，俗称"红波"。1668年，荷兰最早的奶酪贸易中心建于哥达镇，许多农场主带着心爱的奶酪来此地秤重、品评、定级与交易，虽然这种景象如今已不多见，但老式生产及计量工具仍供游客参观，展示奶酪发展历程，游客还能品尝购买各种奶酪。

> 盐渍中的菲达奶酪

希腊和德国

　　希腊是世界上奶酪消费量最多的国家，每年人均消费奶酪29千克，其奶酪历史也很悠久。奶酪制造业对希腊和克罗地亚、保加利亚、罗马尼亚等巴尔干半岛国家的农牧业发展至关重要，成群的绵羊和山羊为奶酪生产提供了充足的羊乳资源。因此，市场上有许多新鲜的盐渍奶酪，最具代表性的有菲达（Feta）羊奶酪，还有成熟型凯发罗特里（Kefalotiri）奶酪、哈罗米(Halloumi)奶酪、帕格（Pag）奶酪等，构成希腊"美味经济"的重要支撑。哈罗米奶酪起源于塞浦路斯和一些阿拉伯国家，如今在塞浦路斯、土耳其及中东国家仍有生产。

> 巴伐利亚青纹奶酪

　　德国自中世纪已使用凝乳酶来生产奶酪。农庄家庭制作新鲜奶酪有几百年历史，夸克(Quark)奶酪占德国奶酪市场份额最大。德国生产一些硬质或半硬质奶酪，包括林堡（Limburg）奶酪、巴伐利亚青纹（Bavarian Blue）奶酪、太尔西特（Tilsit）奶酪、奥高埃门塔尔(Allgau Emmenthaler)奶酪等，德国再制奶酪品种也很多。德国人均年奶酪消费24千克以上。

> 西班牙卡博瑞勒斯青纹奶酪

葡萄牙与西班牙

葡萄牙奶酪产量虽不大，但独具特色，其中有许多新鲜奶酪在一些小农庄制作，属农家奶酪范畴。埃斯特拉雷山（Serra da Estrela）奶酪被当地人称为"山地奶酪"，通常这种奶酪是利用未经杀菌处理的羊奶为原料生产，不用凝乳酶，而是用野生蓟类植物花或叶子制取的凝乳剂制成。

西班牙各地气候差异很大，既有炎热干燥地区，也有水草丰盈的牧羊区，因此西班牙起初的传统奶酪都是羊奶制作的，如著名的曼彻格（Manchego）奶酪等。后来西北部和东部巴利阿里群岛的奶牛发展很快，开始利用牛奶或混合奶制作其他品种奶酪，如卡伯瑞勒斯(Cabrales)奶酪、比根(Picon)奶酪等。西班牙奶酪除在国内消费外，也出口国际市场。

> 丹麦青纹奶酪　　　　　　　　　　　　　　> 挪威亚尔斯堡奶酪

北欧五国

丹麦奶酪历史比较久远，由于早期部落以饲养山羊和绵羊为主，因此，羊奶成为制作奶酪的主要原料。如今丹麦奶酪品种非常多，奶酪出口量位居世界前列，占本国生产的70%，每年人均消费奶酪约17千克。知名奶酪有丹麦青纹（Danish Blue）、艾斯偌姆（Esrom）、丹博（Danbo）、萨姆索（Samsoe）等。

挪威及瑞典奶酪制作技艺与丹麦相似。早期奶酪添加孜然或丁香等多种香辛料，这样可延长奶酪贮存时间，对于斯堪的纳维亚人长时间航海非常重要。挪威以牛奶或羊奶乳清为原料的麦斯托（Mesost）奶酪很有名气，还有青霉奶酪伽马罗斯特（Gammelost）、羊奶乳清奶酪杰托斯（Geitost）等。挪威还有知名的以未经杀菌牛奶为原料的硬质成熟型亚尔斯堡（Jarlsberg）奶酪，有较大孔眼，温和甜润，富有坚果味。

冰岛生产清淡的郝福辛吉（Hofdingi）软质奶酪，还有斯托里迪蒙（Stori Dimon）青纹奶酪和斯凯尔（Skyr）白奶酪等，这些高热量的奶酪有助冰岛人度过寒冬。

芬兰的面包奶酪（Leipjuusto）有时也被称为"奶酪面包"，或称为"吱吱作响的芬兰奶酪"，这种味道清爽的奶酪是用牛奶、鹿奶或羊奶制成，芬兰人特别喜欢。

> 俄式奶酪佐餐美食

俄罗斯

　　俄罗斯虽然横跨欧亚大陆，但在欧洲的人口占整个俄罗斯的80%。其奶酪制作历史久远，约在18世纪后叶得到快速发展。列宁在（《列宁全集·第3卷》第四章）论述"牛奶业地区农民的分化"时指出：俄国奶酪制造业在18世纪开始迅猛发展，开辟了奶酪商业生产时代，布兰多夫（В. И.）奶酪公司在俄国6个省已拥有25家奶酪工厂。

　　迄今，俄罗斯的奶酪种类仍然非常多，几乎涵盖所有奶酪类别，比较知名的有俄罗斯（Rossiiskiy）奶酪、苏维埃茨基（Sovetskiy）

> 俄罗斯霍赫兰德再制奶酪

奶酪，以及雅罗斯拉夫尔地区的波舍霍夫斯基（Poshekhonskiy）奶酪、阿迪格共和国的阿迪格（Adygeyskiy）奶酪，也称切尔克斯（Circassian）奶酪，还有科斯特罗姆斯科伊（Kostromskoi）奶酪等。

2017年，俄罗斯本国的天然奶酪产量已达到37多万吨，虽然也有出口，但总体是进口大于出口，进口的天然奶酪主要用于再制奶酪生产，如霍赫兰德（Hochland）奶酪等。俄罗斯全年人均消费天然奶酪5.7千克。

> 澳大利亚帕玛森奶酪

大洋洲

　　澳大利亚奶酪制造业始于19世纪初，起初是生产切达奶酪，之后逐渐遍布各州。100多年来，许多工厂能生产不同成熟度的切达奶酪。随着其他国家的移民不断涌入，也带来了其他奶酪制作技艺，同时，饮食的多样性和世界性促进了奶酪业发展。澳大利亚约有105个奶酪品种，每种奶酪都有严格的制造标准，年人均奶酪消费量约13千克。

　　新西兰的现代奶酪制造业较发达，奶酪生产专业化程度很高，能生产各种品类的奶酪，所产乳制品90%出口世界各地。虽然新西兰奶酪按人口折算人均70千克以上，但国内的实际消费并没这么高，人均年消费奶酪是8.2千克。与澳大利亚一样，新西兰始终以生产制造切达奶酪为主要品种，出口亚洲、欧洲、北美洲等，用于再制奶酪和其他食品原料。

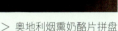
> 奥地利烟熏奶酪片拼盘　　　　　　　　　> 卡门贝尔奶酪

其他国家

比利时和奥地利历史上曾经制作出很多很好的奶酪产品，如今工业化奶酪产量也很大，主要有比利时林堡奶酪、奥地利烟熏（Austrian Smoked Cheese）奶酪等。

南非由于早期荷兰和英国等地的移民带来了奶酪技艺，因此，哥达奶酪和切达奶酪是南非的主要品种，具有本土特色的自制奶酪多在乡下农庄生产。

印度主要生产潘尼尔(Paneer)奶酪。据印度佛教典籍《吠陀经》记载，约在公元前6000年印度次大陆已开始制作潘尼尔奶酪，目前主要在印度的奥里萨邦地区和相邻的孟加拉生产。潘尼尔奶酪主要以水牛奶或牛奶为原料，利用柠檬汁等酸法凝乳制作。

日本奶酪起源于奈良时代，随着中国唐代佛教传播到日本，中国酪酥的制作技艺也随之传入。自20世纪后叶，许多日本人第一次品尝到奶酪，几乎都是在学生时代的午餐。日本大量进口奶酪生产再制奶酪的同时，开发适宜日本人口味的奶酪，如改良的法国卡门贝尔奶酪、意大利马斯卡彭奶酪、法国布森（Boursin）奶酪等。一些大中城市引导着日本奶酪消费主流，消费量不断攀升，日本每年人均消费奶酪约2千克。

二、奶酪制作

　　奶酪制作工艺复杂，万字长文都很难详尽介绍。一些即食的新鲜奶酪，比如常见的宫廷奶酪等，经过简单的凝乳和脱水成型就可制成。除了这样相对简单的未成熟新鲜奶酪外，全世界所有奶酪的制作原理几乎都一样，但是，在相同原理基础上，又有数不尽的制作细节和手法，各种技艺发挥得淋漓尽致，形成了五彩纷呈的各类方法，也许恰恰是这些不同的方法，成就了奶酪艺术的创作源泉，与其他乳制品形成了鲜明对照。下面重点介绍天然奶酪制作的基本知识。

古往今来，正是无数的奶酪工匠凭借创作灵感以及对奶酪的理解，不断迸发奇思妙想，变换技艺，就地取材，追求至臻，形成了如今世界上成百上千种不同的奶酪美食，使人类享用奶酪变得如此广泛。

> 中国北京三元菠萝芒果味爱克优酪

多种凝乳方法

生产奶酪的凝乳方法无外乎酸法、酶法、醇法等，并结合加热。其中，酸法最久远，而酶法最广泛，适合大规模工业化生产奶酪。一般情况下，奶酪制作过程都是排除乳清，使得剩余的乳固形物——凝乳块按照人们的预期实现可控的改性，从而制成特定的某种奶酪。

核心四步骤

在生产中，原料乳的收集与预处理始终是第一步；第二步是凝乳；第三步是乳清分离，包括切割、热烫或盐浸使凝乳块浓缩；第四步是奶酪的成熟。上述几个核心工序制作方法非常重要，彼此相关性极强，相互影响，相互作用，不仅影响到奶酪的质量，而且决定奶酪的特征类型特别是滋（气）味。例如，凝乳切割的程度会影响奶酪的质地和组织状态，加盐方式会影响奶酪的最终成熟及其风味。

> 威斯康星州萨陀（Sartori）手工奶酪

质地与风味

实际上，即使采用相同的加工生产工艺，针对不同批次的原料乳，所制作的奶酪风味也不完全一致。这恰恰是许多特色鲜明的农家奶酪之魅力所在，使人们总能品尝到无尽韵味。对专门大规模生产奶酪的乳品工厂来说，确保奶酪质量恒定是头等大事，要始终严格执行各种标准化操作程序，利用机械等手段高效地制造出质地适宜、风味稳定的预期奶酪品种。

> 风味浓郁的威斯康星州帕玛森奶酪

2.奶酪原料

奶源种类

鲜奶，作为日常生活中比较常见的食品，给人的印象往往都是早餐上的保鲜屋纸盒或玻璃瓶装的牛奶。虽然它们品质始终如一，但实际上，都或多或少地抹去了牛奶本身的一些天然滋（气）味。无论牛奶、羊奶还是其他奶，其实都是风土之物。需要说明的是，全球没有规定奶酪的命名必须包含奶源类型，因此，简单地从奶酪名字看，无法知道是牛奶制作的，还是羊奶或其他奶制作的。

由于全球的牛奶产量最大，因此，世界上大部分奶酪都是用牛奶制作的，其次是用山羊奶和绵羊奶制作的。有些地方也用水牛奶、牦牛奶、鹿奶等制作奶酪，还有的以乳清为原料制作乳清奶酪（Whey Cheese）。中国三河牛、新疆褐牛，以及水牛、牦牛等所产的牛奶，由于总乳固形物尤其是乳脂肪含量较高，奶香浓郁，所以比较适宜制作奶酪。塞尔维亚、法国等为数不多的国家甚至用稀少的驴奶来制作奶酪。

不同奶的区别

制作奶酪的原料乳必须是卫生的，而且要优中选优。许多人简单地认为所有奶都一样，其实不然。从滋（气）味看，不同奶之间是有明显区别的。不同种类的牛所产的奶具有不同风味，虽然牛奶的风味在一定程度上受奶牛品种的影响，但是真正的风味来源其实是牛的生长环境。

奶畜的饲草料、牧场土壤和水甚至挤奶当天的气候，都会影响到奶的滋（气）味；同一头牛早晨挤的奶，与晚上挤的也不同；挤奶临近结束时，奶的乳脂肪含量高于刚开始挤的。中国业界有"早班奶浓于晚

TRY SOME CHEESE　　动动奶酪 艾则勒　　58

> 中国河北旗帜乳业全自动奶牛挤奶机

> 中国陕西优利士乳业全自动奶山羊挤奶机

> 中国新疆伊犁哈萨克自治州自由放牧的新疆褐牛

班奶，末把乳香于头把乳"之说，讲的就是这个道理。

　　奶酪是演绎味道的载体，对原料乳的微小变化非常敏感。夏季制作的奶酪要比冬天的风味浓郁；山地或高原地区所产的奶酪，要比平原产的香味丰腴。除了对奶酪风味的影响外，不同奶畜的奶对奶酪的组织状态也有影响。如，普通牛奶所制成的奶酪，质地密实厚重，而山羊奶、绵羊奶等制成的奶酪柔软而松散。许多乳品厂或家庭牧场的奶酪工匠们都了解上述因素，并能将之充分掌控和利用，制作出理想的奶酪。

　　作为奶酪原料，牛奶、羊奶的品质自然也会影响奶酪的最终风味，何况牛奶与羊奶本身就有风味差异。用山奶羊和绵羊奶能制作出风味别致的奶酪。在过去，由于羊奶只在春夏季才有，所以羊奶酪多于3—8月制作。随着现代饲养技术的进步，跨季饲养和全年均衡产奶方法日益成熟，羊奶供给趋于稳定，羊奶酪可以全年生产。

乳脂肪标准化

　　小型奶酪厂或家庭牧场一般是从自家或邻近牧场直接收集未经任何处理的生乳来制作奶酪，而大型奶酪厂通常是用奶罐车每次几十吨地运送原料乳到工厂，且经过巴氏杀菌后再开始生产奶酪。实际上，来自牧场的每一批原料乳成分都不可能完全相同，因此，大型奶酪厂在进行巴氏杀菌处理时，还要对原料乳进行标准化处理，主要是将乳脂肪含量调控一致，通过添加或减少乳脂肪来控制脂肪恒定。有时经脱脂处理，用脱脂奶和乳脂肪分别制作低脂奶酪与奶油奶酪。

> 奶流入凝乳槽开始制作奶酪

而小型奶酪厂是直接利用原料乳，不进行标准化，无需考虑各批原料乳成分的不同。一些奶酪鉴赏家认为，未经杀菌的乳所生产的奶酪，与经过巴氏杀菌的乳所生产的奶酪相比，它们的差异就如同品质上乘的葡萄酒与普通果酒一样。因为巴氏杀菌会导致乳中的一些天然酶失活，而这些天然酶非常有助于奶酪绝佳风味的形成。巴氏杀菌也能影响所加入的凝乳酶发挥作用，奶酪需经一定的成熟后，才能产生浓郁风味和特殊质地。

巴氏杀菌与风味

乳品厂制作奶酪的第一步是进行杀菌与标准化，巴氏杀菌工序通常要将奶加热到72℃保持15秒，但由于担心会影响到奶的风味，导致奶酪有不良蒸煮味，因此，国外有些乳品厂采用更加温和的热处理工艺，将奶只加热到46℃保持30分钟，这样既保障了产品安全，又保证了奶酪风味。

凝乳酶型硬质奶酪在生产中有一个规律，就是原料奶的巴氏杀菌温度越低，奶酪成品的制得率就越高。用不杀菌的生乳来生产奶酪，其奶

> 风味醇厚的成熟型硬质奶酪

酪的制得率往往是最高的。这表明奶酪成品的制得率与乳中蛋白质热变性程度有密切关系。

全球大规模工业化生产的奶酪，通常都以巴氏杀菌奶为原料，但也有部分奶酪是用未杀菌的生乳来制作的。

3.凝乳生成

乳酸菌发酵

众所周知，奶在常温下很快会变酸，但是，乳品厂制作奶酪，不可能用这种自然方式进行酸化，一是这种酸化不可控、风险高，二是生产效率太低。因此，无论用何种奶来制作奶酪，通常情况下，乳品厂均需加入专门的乳酸菌发酵剂，使奶中的乳糖加快变成乳酸来迅速提升奶的乳酸酸度，从而使乳蛋白质发生凝固。这一操作过程连同后面的凝乳浓缩及排除乳清等都是在专门奶酪槽（也称凝乳槽）或凝乳罐中进行，奶酪槽装有专用搅拌、切割等配套设备，而且奶酪槽有加热保温功能，槽壁的夹层中接通流动的热水，并配备相当精准的温控系统。需要指出的是，通常乳酸菌发酵剂加入并开始正常发酵后，奶的酸度会很快上升，乳酸菌的大量繁殖，能够有效抑制其他有害杂菌的滋生，很好地保证凝乳的卫生安全。这是所有乳酸菌在乳中正常发酵时都能表现出的一大特性。

凝乳酶"点石成金"

作为奶酪制作的关键步骤，凝乳酶可让原料乳凝结成固体。从前，最原始的凝乳酶制作听上去可能不可思议，牧羊人会选用幼小的牛、羊胃部的碎肉浸液来进行乳汁凝结。至今，一些传统工艺的奶酪依旧使用这种制作方式。

　　加入发酵剂后，通过持续测定乳酸酸度来判定何时开始添加凝乳酶，例如，制作切达奶酪，是在乳酸酸度达到0.12%时开始加入凝乳酶。经搅拌混匀后，在特定恒定温度下静止30分钟至2小时不等，乳蛋白质分子将很快凝结起来形成柔软的凝胶体，其时间取决于凝乳酶添加量及其活力。有关发酵剂和凝乳酶见"奶酪成熟"部分。

> 开始添加凝乳酶

严格的温度控制

　　凝乳过程中，奶酪槽夹层水的保温温度是按不同奶酪品种而设定的，一般为21～39℃。在这个范围内，当温度偏低时，可形成较软的凝乳块，生产较软的奶酪；而温度偏高时，能形成有弹性凝乳块，生产较硬的奶酪。实际制造中，要求准确控制温度，须按标准操作程序严格执行。例如，制作切达奶酪开始添加凝乳酶的温度是38.9℃，在进行"堆酿"操作时，温度要求保持在36～38℃。有些新鲜奶酪仅靠乳酸等酸化来凝乳，不用凝乳酶，但仍有凝乳温度要求，如德国夸克奶酪、法国白

> 威斯康星大学雷河分校的一名巴西籍学员正在测控牛奶温度

奶酪（Fromge Frais）等，中国奶豆腐（Milk Tofu）是经自然发酵产生乳酸后再结合加热制成。

4.乳清分离

切割凝乳块

对凝乳块进行一系列浓缩操作，目的是将乳清排除。不同奶酪，处理方式也不同。有规律地切割凝乳块，能使乳清从凝乳块中析出。这一操作环节直接关系到奶酪成品的水分含量、质地和硬度。如生产较软的奶酪，经简单切割后把凝乳堆积起来自然排除乳清即可，甚至有的软质

> 切割凝乳开始分离乳清

奶酪如卡门贝尔奶酪等无需切割；若生产硬质或半硬质奶酪，须使用水平切割和垂直切割装置，将凝乳块先后从纵向和横向切成碎粒或细长条形，以便充分排除更多乳清，使凝乳块收缩得更明显，变得更硬，这样奶酪成品的质地也会更坚实。

堆酿与沥干

许多教科书和奶酪实习课都以切达（Cheddar）奶酪的凝乳切割和排乳清过程作为教学案例，以至于"Cheddaring"一词成为该工序的专用语，称为"切达淋""堆酿"或"堆叠"。大部分乳清排除后，碎粒状凝乳再堆积放于凝乳槽的一端或排乳清的槽中，用带孔的板敷压，尽可能排除凝乳块中的乳清，并按规定时间不断翻转堆积层，直至排除的乳清达到预期酸度，随即再打碎、加盐、装模、压榨，继续排除残余乳清。中国新疆奶疙瘩是以粗布过滤沥干乳清。工业化规模的奶酪生产，上述全程已实现机械化。

在奶酪制作中，除了采用切割凝乳方式外，有时对凝乳块还要进行短时热处理，使凝乳块质地变得更加紧密，奶酪更硬，一般温度为41～49℃。如用羊奶制作的意大利芳提娜（Fontina）奶酪采用41～43℃，而瑞士的格鲁耶尔（Gruyère）奶酪、埃门塔尔奶酪采用47～49℃。

意大利马苏里拉奶酪、波萝伏洛奶酪的凝乳切割后，须加热到小凝块能拉伸成细线即停止加热，再经揉捏、压挤后，质地更密实。这种工艺制得的奶酪就是通常所说的纤丝奶酪（String Cheese）或手撕奶酪。

入模压榨成型

凝乳块装入带孔的模具经压榨、沥干后，出模入库进行成熟。压榨压力依品种不同而异，压榨力越大，奶酪团越坚实。实际生产中，压榨环节有具体操作规定。模具对奶酪非常重要，各种奶酪的模具形状和大小都不一样，但都是经长时间摸索和改进，一旦定型就不再改动，传承沿用。模具可用木质、不锈钢、编织物、粗棉布等材料制成，大多能反复使用。

食盐的妙用

食盐能改善奶酪的酸度，控制和减缓发酵剂活力释放，还能调控后期奶酪成熟度。食盐可直接加到凝乳块中，也可把细盐粉抹在成型奶酪的表面，如意大利的帕玛森奶酪、法国的洛克福（Roquefort）奶酪等，而更为常见的是在奶酪成型后浸于盐水槽（池）中进行盐渍（盐水浓度15%～25%），如中国的鞍达奶酪、瑞士的埃门塔尔奶酪等，盐分分散进入奶酪中，有利于奶酪对盐的均匀吸收。意大利塔雷吉欧(Taleggio)奶酪、法国的里伐罗特奶酪是用盐水浸湿的棉布擦涂奶酪表面加盐。干法加盐比传统盐渍法更经济。如果奶酪的用盐量过大，则可能抑制微生物活力，对后期成熟不利，除非有较长的成熟时间。

> 加热搅拌与水洗凝乳块，排除乳清

> 切达淋处理（堆酿与翻转），加热排除剩余乳清

> 马苏里拉奶酪的拉伸、揉捏及压挤

> 格鲁耶尔奶酪与模具

> 压榨中的荷兰奶酪

> 压榨成型后置于盐水中进行盐渍的帕玛森奶酪

> 奶酪表面涂抹食盐

奶酪与食盐

通常情况下，许多奶酪在制作中都加入食盐。食盐除了帮助凝乳块收缩加快排除乳清外，还能抑制不良细菌滋生，延长奶酪的保质期，在赋予奶酪美妙风味的同时，还能提高蛋白聚合保水性，改善奶酪组织状态，形成软硬适宜的均匀质地，使奶酪的口感变得光滑细腻。古往今来，食盐在奶酪中一直扮演着重要角色。

乳清的利用

日常生活中，普通消费者一般很少见到乳清和乳清粉，但作为科普知识，有必要向读者扼要介绍一下乳清和乳清粉常识。

乳清是奶酪的主要副产品，乳清的总固形物为5%～7%。在奶酪制造中，从凝乳块中排除的液体即乳清，含有奶中的水溶性成分。其中，乳糖含量3%～5%，蛋白质0.7%。过去，乳清利用难度大、费用高。如今，乳清的营养特性得以充分利用，深加工收益越来越大，乳清在奶业中的地位越来越重要，成为婴幼儿配方乳粉等乳制品的重要原料。

> 晨曦中的美国爱莉丝奶业合作公司乳清粉厂

中国海伦奶酪

1981年，经东北农学院（今东北农业大学）与黑龙江省安达县乳品厂等联合技术攻关，以山羊奶为原料的"海伦奶酪"在黑龙江省海伦县乳品厂批量生产，年产奶酪60多吨，优良的产品供应到北京饭店和一些国营商店，很受欢迎。这是中华人民共和国成立后的第一个自主研制的羊奶酪品牌。受当时脱盐条件制约，副产品乳清不能被充分利用，仅少量用于冰棍生产，大部分乳清被废弃，致使奶酪成本较高，奶酪价格居高不下，影响了市场拓展，导致后来生产停滞。由此可见，乳清的综合利用及衍生品市场开发，是保证奶酪持续生产的重要前提。

应用超滤等技术手段对乳清进行脱盐，再经真空喷雾干燥后可生产食用级乳清粉。由于人类母乳蛋白中的乳清蛋白含量比较高，因此，含有乳清蛋白的乳清粉成为婴幼儿配方乳粉的重要原料，约占配方比的40%。分离乳清中的乳糖，经结晶纯化制取食用乳糖或医用乳糖，以及利用超滤等技术制取乳清蛋白，在食品与医药业中有广泛应用。

> 美国威斯康星州乳清粉

奶酪与乳清、乳清粉

奶酪与乳清、乳清粉的制造得率关系是：按硬质奶酪计，通常10千克的牛奶能生产出1千克奶酪，同时产生9千克乳清，乳清经干燥可生产0.6千克的乳清粉。奶酪制造中通常加入食盐来促进凝乳收缩加快乳清排除，因此，乳清液都含有0.5%~0.8%的食盐。婴幼儿配方乳粉所用乳清粉为脱盐乳清粉，是通过超滤或电渗析等脱去乳清中90%的盐分后，再经干燥制成，称D90乳清粉。

5.奶酪成熟

奶酪制作看似简单，似乎有了乳汁、凝乳酶和发酵剂就够了，其实不然。奶酪的成熟，也称陈化或熟化。之所以说奶酪的制作是一门技艺，最具代表的可能就在奶酪的成熟阶段，这是一个相当复杂的过程。100多年来，虽然奶酪技术不断进步，但仍有很多问题亟待研究，例如，如何系统地确定奶酪物理变化与色香味化学之间的关系。因此，实际的奶酪成熟管控，仍然需要人的能动性，离不开有经验的奶酪工匠和品鉴师发挥作用。

> 成熟中的格瑞纳帕达诺奶酪

> 山洞中成熟的卡伯瑞勒斯青纹奶酪

温度和湿度的掌控

奶酪成熟时，要通过控制适宜的环境温度与湿度，使奶酪中有益微生物和一系列酶发挥作用，将蛋白质、乳脂肪等缓慢降解成可吸收的小分子并形成特有的风味和质地。有些奶酪如法国洛克福奶酪、意大利塔雷吉欧（Taleggio）奶酪、西班牙的卡伯瑞勒斯奶酪等是在专用洞穴里成熟，其他奶酪则是在温度和湿度可控的贮藏库（窖库）中成熟。低温能控制发酵剂菌种缓慢生长，温度过高会导致奶酪成熟不匀。通常硬质奶酪成熟湿度控制在80%左右，软质的为95%。适宜的湿度能防止奶酪表皮干裂。

奶酪发酵剂

奶酪发酵剂的菌株包括乳酸链球菌、乳酪链球菌、嗜热链球菌、丁二酮乳酸链球菌、蚀橙明串珠菌、保加利亚乳杆菌、奶酪乳杆菌、嗜酸乳杆菌、丙酸菌、涂抹杆菌等，还有白地霉、白青霉、娄地青霉、沙门柏奶酪青霉、脆壁克鲁维酵母、解脂假丝酵母等。现代遗传学技术已能培育出新型奶酪菌株，基因克隆技术为构建新型发酵剂提供了可能。

长毛的"奶酪精灵"

软质奶酪如法国的卡门贝尔、布里奶酪等成熟较快，其成熟环境温度比硬质奶酪的要低。有的在奶酪发酵剂里就已接种了青霉，有的则是在奶酪成型后的表面喷涂青霉菌孢子液体。但无论哪种方式，软质奶酪的成熟过程都是由外到里，霉菌先在奶酪表面形成一层菌膜后，再逐步蔓长到奶酪内部发酵。这就是人们常说的"长毛"奶酪。

随着成熟加深，霉菌壳下面的奶酪团开始变软、变色，由于奶酪中心区域的霉菌发酵较晚，通常中心部位呈色较浅，这种浅色有人戏称是"奶酪精灵"。中心部位浅色消失，意味着奶酪已完全成熟。有趣的是，有时买回来的霉菌型奶酪打开包装后，会发现外观与购买前完全不一样，这是因为商品包装袋会把软软的霉菌菌苔压扁、磨没了。

正是上述这些形形色色的微生物菌群，在人、自然和时间的共同演绎下，将奶酪细细雕琢成一件味觉艺术品。

> 表面长有白霉的诺曼底卡门贝尔奶酪

 小贴士

无须谈"霉"色变

奶酪发酵剂是能使奶酪发酵成熟的特定微生物培养物。无论是长期的食用历史，还是现代科学研究，均已证明奶酪发酵剂对人体无害，因此，没必要谈"菌"就担心、谈"霉"就色变。虽然不同品种奶酪的发酵剂不一样，但作用都是通过细菌或真菌经发酵产酸、产酶，使乳蛋白和乳脂肪降解产生特定风味，同时，还能预防和抑制其他有害微生物污染与滋生。

有一些软质或半软质奶酪是用盐水、葡萄酒、啤酒或高度白酒等浸洗表面，这种奶酪的外表常呈现浅红色或橙色，香味明显，有的霉菌型奶酪味道非常刺激。斯蒂尔顿、洛克福等青纹奶酪在成熟过程中，需用细棒刺穿奶酪，把空气导入内部，有助霉菌在奶酪内生长，最终在奶酪团内部形成一条条蓝色的大理石般纹理。实际上，青纹奶酪制作比其他奶酪要复杂，因为内部的霉菌生长情况是很难预料的。有时需暂时密封产品，隔绝空气，抑制霉菌生长；当需要霉菌生长时，再在奶酪表面上打孔，使空气重新进入，促进霉菌继续生长和纹理延伸。

小贴士

三大青纹奶酪

古冈左拉奶酪（Gorgonzola）、洛克福（Roquefort）奶酪、斯蒂尔顿（Stilton）奶酪，素有全球三大青纹奶酪（Blue Cheese）之誉，分别起源于意大利、法国和英国。

成熟时间控制

硬质奶酪的成熟期比软质奶酪长。有的硬质奶酪表层涂油，有的包裹棉布，过去传统的切达奶酪就是采用裹布方式进行成熟。无论是何种成熟辅助方法，实际上，出于经验和匠心，奶酪师最懂得如何善待未成熟的奶酪，促进最佳风味形成。严格把控成熟时间，对形成奶酪质地和

> 成熟中的威斯康星州切达奶酪

风味非常重要。例如，同是切达奶酪，成熟6～8个月与成熟12～18个月，甚至成熟7年的，彼此风味差异很大。马苏里拉只需1～2周就可以完成熟化。制作埃门塔尔奶酪时，在发酵剂中加入丙酸菌，在成熟中就会产生一些大小不一的洞眼，原因是乳酸及丙酸发酵，在奶酪团内产生二氧化碳气体堆积，形成了别致奇妙的孔洞。

定期翻转与检查

奶酪成熟过程中，要检查奶酪的香气、色泽、形态和质地，同时，有的还要定期地进行翻转，一是保证奶酪形状不发生变化，二是保证成

> 威斯康星州奶酪师在取样检查奶酪成熟度

熟均匀一致。有的还要通过敲击听声来判断内部孔洞分布是否均匀。对同属一个批次的奶酪进行定期取样抽测，借助实验室成熟度检测方法，可以测出奶酪的成熟度。大部分奶酪的成熟是在厂内进行的，但也有一些被奶酪店或经销商直接买走，贮藏在窖库中，他们自己调控奶酪成熟再出售。成熟后的奶酪常用纯棉布、食蜡、锡箔纸和食用级塑料做成包装，防止机械碰伤、水分散失变干或被污染而变质。

动动奶酪
又何妨

三、奶酪分类

至今，全世界没有公认的奶酪品种名单。美国农业部统计的奶酪种类是800多种。虽然许多奶酪学者致力于品种分类研究，分别用工艺、质地、凝乳、味道等尝试分类，但是，分类结果差异很大，500～2 000种不等，甚至更多。客观讲，由于全世界奶酪的复杂性与多样性，用一种分类方法很难把所有奶酪都非常准确地进行归类。下面介绍有关奶酪的几个主要概念和简单分类。

1.概念和释义

国际食品法典委员会（CAC）和许多国家在法规标准上都明确规定"奶酪"和"再制奶酪"为专用词，针对使用"奶酪""再制奶酪"来命名的产品，有严格的定义和界定，目的是防止与奶酪食品、模拟奶酪等相混淆，避免误导。

通常将奶酪分成天然奶酪（Natural Cheese）、再制奶酪（Processed Cheese）和奶酪食品（Cheese Food）三大类。

天然奶酪

天然奶酪是指在生乳（也可用脱脂乳或稀奶油）中加入适量乳酸菌发酵剂和凝乳酶（或其他凝乳剂），使蛋白质凝固后，排除乳清，将凝块压成块状而制成的产品。制成后未经发酵成熟的产品称新鲜奶酪，经过一定时间发酵成熟而制成的产品称成熟奶酪。

只有新鲜奶酪、成熟奶酪，才统称为天然奶酪。

再制奶酪

再制奶酪与天然奶酪最大的区别是再制奶酪不用生乳直接生产，而是以天然奶酪为原料。再制奶酪是指用一种或多种天然奶酪，添加食品卫生标准允许的添加剂（或不加添加剂），经粉碎、混合、加热、熔化、乳化后制成的含乳固体40%以上的产品。同时规定：仅允许添加稀奶油、奶油或无水奶油来调整脂肪含量；为了增加香味和滋味，添加香料、调味料及其他食品时，必须控制在成品固体总质量的1/6以内。

针对再制奶酪的命名，国际食品法典委员会（CAC）规定：当用一个已知天然奶酪的品种名称来描述再制奶酪名称时，在成品中至少有75%的奶酪来自所提及的天然奶酪。其余部分也必须来自类似的奶酪。照此释义，消费者可对照产品标识标签信息，判定和选择适宜自己的产品，理性消费。

在世界各地包括中国，切达奶酪是再制奶酪的常用原料之一。挑选生产再制奶酪的天然奶酪，需要专业技能，基于风味、组织状态、成熟时间、酸度和组分而确定，并添加适量乳化盐（食用柠檬酸盐、磷酸盐、聚磷酸盐），以及奶油、水、食用色素、调味料等。再制奶酪的风味与包装形式各式各样，品类也非常多。奶油奶酪、农家奶酪、半软质奶酪、部分脱脂和脱脂奶酪不适合生产再制奶酪。

模拟奶酪

　　模拟奶酪是指乳蛋白和乳脂肪被全部或部分用非乳来源的原料替代而制成的一种产品，一般是用植物油脂（如棕榈油）或植物蛋白替代。在欧美，模拟奶酪被认为是营养价值较低的食品，尤其是缺乏某些必需营养元素。

关于奶酪食品

　　奶酪食品，与天然奶酪、再制奶酪有本质的区别。国际上规定奶酪食品是指用一种或一种以上的天然或再制奶酪，添加食品卫生标准允许的添加剂（或不加添加剂），经粉碎、混合、加热熔化而制成的产品，产品中的奶酪数量需占50%以上。同时规定：添加香料、调味料及其他食品时，必须控制在产品干物质的1/6以内；添加不是源自乳中的脂肪、蛋白质、碳水化合物时，不得超过成品的10%。

　　与天然奶酪和再制奶酪相比，由于原料的成本差异，奶酪食品及模拟奶酪的价格相对便宜，营养价值也不同。读者若想了解更多奶酪食品或模拟奶酪的有关信息，可参考国际食品法典委员会（CAC）和国际乳业联合会（IDF）标准。

2.质地分类

　　质地分类是比较实用的分类办法，奶酪的质地与奶酪的水分含量密切相关。通俗说，质地就是指硬度，水分越低，硬度越高，使用原料乳的量也越多。

软质奶酪

软质奶酪也称新鲜奶酪（Fresh Cheese），是指水分含量为55%～88%的奶酪，包括中国的宫廷奶酪（Chinese Royal Cheese）、农家（Cottage）奶酪、奶油奶酪（Cream Cheese）、布里（Brie）奶酪、卡门贝尔（Camembert）奶酪等。

半软质奶酪

半软质奶酪指水分含量为42%～54%的奶酪，包括林堡（Limburg）奶酪、古冈左拉（Gorgonzola）奶酪、洛克福（Roquefort）奶酪、斯蒂尔顿（Stilton）奶酪等。

半硬质奶酪

半硬质奶酪指水分含量为41%～50%的奶酪，包括中国北京奶酪（Beijing Cheese）、德国太尔西特（Tilsit）奶酪、法国波特撒鲁特(Port Salut)奶酪、荷兰哥达（Gouda）奶酪等。

硬质奶酪

硬质奶酪指水分含量为35%～49%的奶酪，包括中国的鞍达（Anda）奶酪、瑞士埃门塔尔（Emmentaler）奶酪、成熟的英国兰开夏（Lancashire）奶酪、切达（Cheddar）奶酪等。

特硬质奶酪

特硬质奶酪指水分含量为25%～34%的奶酪，包括帕玛森（Parmesan）奶酪、罗马诺（Romano）奶酪、瑞士的史布林斯（Sbrinz）、意大利阿奇亚戈（Asiago）奶酪等。

3.工艺分类

新鲜奶酪

新鲜奶酪有的无需成熟，有的成熟期仅几天，有的要轻微压榨或加霉菌发酵剂，还有的可直接装入容器中，包括中国的姜撞奶（Ginger Juice Cheese）、夸克（Quark）奶酪、马斯卡彭(Mascarpone)奶酪、菲达（Feta）奶酪、奶油奶酪（Cream Cheese）等。

未压榨成熟奶酪

未压榨成熟奶酪的凝乳块需要切碎，自然沥干，排除乳清。有的在表面涂撒霉菌或细菌发酵剂加快成熟，有的依靠发酵剂慢慢成熟1～3个月，包括中国新疆哈萨克族的苏孜拜（Suzibai）、布里（Brie）奶酪、卡门贝尔（Camembert）奶酪、艾斯诺姆(Esrom)奶酪和斯蒂尔顿（Stilton）奶酪等。

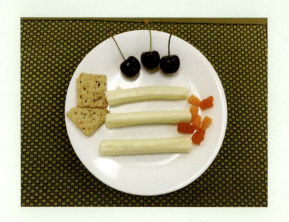

压榨成熟奶酪

压榨成熟奶酪成熟前经适度压榨，成熟2～18个月不等，包括中国的鞍达（Anda）奶酪、切达（Cheddar）奶酪、西班牙的曼彻格（Manchego）奶酪、意大利的蒙塔西(Montasio)奶酪等。

热处理压榨成熟奶酪

热处理压榨成熟奶酪制作时，凝乳块先适当热处理再搅拌磨碎，装入模具压榨成型，成熟期1～4年，包括哥达（Gouda）奶酪、帕玛森（Parmesan）奶酪、格鲁耶尔（Gruyère）奶酪、埃门塔尔（Emmentaler）奶酪等。

纤丝奶酪

纤丝奶酪（String Cheese）的凝乳块通过热盐水加热或进行水烫，经过揉捏、搓挤和拉伸等机械塑造工艺，能形成较强拉力的细丝状或螺旋状，定型后具有较好的弹性和韧性，用手就能撕成细条，因此也称为"手撕奶酪"。这种奶酪既可成熟后食用，也可即食，包括中国腾冲的艾爱手撕奶酪（Aiai Cheese）、意大利波萝伏洛（Provolone）奶酪等。

里拉奶酪、低水分马苏里拉奶酪、低水分低脂的
马苏里拉奶酪，这四种奶酪统称"比萨奶酪（Pizza
Cheese）"，与过去传统马苏里拉奶酪的加工方法及成
分有较大差异。

4.外壳分类

除新鲜奶酪外，奶酪外壳对奶酪非常重要，既能防止水分散失，又能隔绝空气进入内部，还能控制发酵产生的气体向外释放，促进洞眼形成。

白霉菌外壳

这类奶酪中，快速成熟类奶酪的白地霉生长很快，厚度适度的外壳也能食用，但慢成熟的奶酪需经常擦去表面霉菌，使外壳逐渐变厚再食用。初长的霉菌一般呈白色，随菌龄增大而颜色愈深，但绝对不能出现黄色、黑色和绿色，否则就意味着发酵异常。这类奶酪包括布里（Brie）奶酪、卡门贝尔（Camembert）奶酪、哈罗米（Halloumi）奶酪等。

洗型霉菌外壳

该种奶酪的外壳多呈现别致的橘黄色或橙红色，手感触摸发软且略带湿感，但不可以黏糊糊的。这种奶酪的外壳不能食用，包括法国的庞特伊维克（Pont I Eveque）奶酪、法国里伐罗特（Lvarot）奶酪、西班牙的马弘(Mahon)奶酪等。

天然外壳

这类奶酪外壳是在凝乳块沥干与压榨成型阶段形成的，一般用刷子刷、拍打或捆扎使奶酪表面更加粗糙，有的也用涂油方法使其表面光润。总的来说，这类奶酪外壳总体较硬，如以盐水清洗表面的中国鞍达（Anda）奶酪、以刷子刷的斯蒂尔顿（Stilton）奶酪、捆扎型的切达（Cheddar）奶酪、涂油型的埃门塔尔（Emmentaler）奶酪等。

人工外壳

完全成熟后，为延长保存时间，有的奶酪表面会裹敷一层药草灰、木炭粉或核桃叶、栗子叶等，使表面形成一层有机壳，也有采用人工方法做成外壳的。这一类奶酪外壳均不能食用，包括表面加木炭粉的法国瓦朗赛(Valencay)羊奶酪、意大利加栗叶的罗比奥拉（Robiola）羊奶酪、塑料材质密封的切达（Cheddar）奶酪、法国加栗叶的巴侬(Banon)羊奶酪、荷兰红色蜡封的艾达姆（Edam）奶酪和蜡封的博得（Polderkaas）羊奶酪等。

—————— 第二部分 ——————

奶酪美食

　　奶酪以其无与伦比的独特美味和丰富营养，点燃舌尖上的浪漫，融化梦幻中的时光，深受人们青睐。

　　无论是直接食用，还是作为烹饪作料，奶酪总是给味蕾赋予多层次的梦幻感觉。唇齿间的余香，让满足慢慢升腾；胸臆中的惬意，使温馨缓缓弥漫。一旦喜欢上奶酪，绵长无尽，不知不觉中，营养和健康便悄然开始伴随了。

动动
奶酪
又何妨

一、奶酪与健康

奶酪，素有"奶黄金"之誉。在国外，奶酪是一种非常普遍的食品，融入日常饮食，消费量相当大。近些年，中国奶酪消费量一直保持着快速增长势头，奶酪消费陡然飙升，预示着中国国内奶酪市场具有巨大潜力。奶酪富含多种营养成分，又容易消化吸收，而且不易使人发胖，是公认的健康食品。

1.奶酪营养

浓缩的奶

就工艺而言，奶酪是发酵的奶；就营养而言，奶酪是浓缩的奶。因此，奶酪的营养价值很高。除鲜奶酪外，通常8～10吨的生乳才能制造出1吨奶酪，可谓名副其实地浓缩了奶中精华。总的来说，奶酪非常适合不同年龄人群消费，更是乳糖不耐症和糖尿病患者的理想食品。在凝乳酶等蛋白酶等的作用下，奶酪中的蛋白质被分解成小分子物质，非常有益于吸收，是人体生物活性肽的重要来源。奶酪成熟过程中，乳脂肪也发生降解，赋予奶酪良好口感和风味。奶酪含有丰富的钠、磷、钙、钾、镁等矿物质，以及维生素A、维生素E、维生素D、B族维生素（维生素B_1、维生素B_2、维生素B_6、维生素B_{12}）等营养元素。这些物质具有许多重要的生理功能。

奶酪的蛋白质和钙

奶酪的实际蛋白质含量可能不如其他肉类等食物的蛋白质含量高，但由于奶酪特别是成熟型奶酪中的相当一部分蛋白质，在蛋白酶的作用下被降解成极易被人体消化吸收的肽和氨基酸等，所以奶酪蛋白质的吸收率在96%以上，而肉类蛋白质的吸收率约为68%，因此，奶酪是非常重要的蛋白质食物。奶酪中钙的含量比较高，是重要的钙源食物。在维生素D等的作用下，奶酪中的钙更易被人体吸收，这是其他食品所不及的。因此，奶酪是补钙的极佳食物。奶酪中钠、磷的含量相当丰富。磷有助于钙的吸收，对骨骼和牙齿健康具有重要作用，同时，还参与人体能量代谢。

理想的膳食

有人想当然地认为奶酪中的脂肪含量高，实际并不是这样。奶酪的脂肪含量并非人们想象得那么高，况且还有许多低脂型奶酪。每日适量食用奶酪，可与其他食物形成营养均衡的理想膳食搭配。需要指出的是，成熟型奶酪的胆固醇含量比较低，非常有利于保护人类心血管健康。实际上，那些外观看起来类似"奶油"样的新鲜奶酪，由于水分含量高，其热能反而比较低，因此，并不会使人发胖。

按国际惯例，奶酪的脂肪含量是以无水干物质为基准进行比较，即干基乳脂肪。有的奶酪标签标明乳脂肪含量为45%，意思是指扣除全部

乳糖不耐症

牛奶里含有乳糖，因部分人群的体内缺少乳糖酶，乳糖不能在小肠内被充分分解，导致乳糖直接进入大肠，被大肠中的细菌发酵产酸产气，导致出现腹胀、腹泻等症状，称为乳糖不耐症。

水分后的乳脂肪含量为45%。这种标注的意义在于体现奶酪乳成分的货真价实，避免鱼目混珠。一般标明乳脂肪45%的，其乳脂肪含量大致是22.5%左右。这种干基乳脂肪的符号有时也用"FDM"代表。

2.健康提示

奶酪与乳糖不耐症

奶中的大部分乳糖由于在奶酪加工过程中随乳清而排除，再加上后期奶酪成熟时，被乳酸菌进一步发酵降解，因此，完全成熟好的硬质奶酪中的乳糖含量非常低，有的甚至忽略不计。奶酪成熟的时间越长，所含乳糖量就越少，因此乳糖不耐症人群可以放心食用。当然，那些以乳清为原料的奶酪，如里科塔（Ricotta）奶酪、麦斯托（Mesost）奶酪、杰托斯（Geitost）奶酪等，乳糖不耐症人群最好避免食用。

奶酪与牛奶过敏症

与乳糖不耐症相比，牛奶过敏症是完全不同的问题。牛奶过敏症通常是指食用牛奶后引起的过敏反应，是由酪蛋白、β-球蛋白、α-乳白蛋白等过敏原引起，通常发生率儿童2%～6%、成年人0.1%～0.5%。症状有皮肤瘙痒、荨麻疹、打喷嚏、面部（如嘴唇）等部位水肿等，严重的伴有呼吸不畅、哮喘等。由于牛奶、绵羊奶和山羊奶的蛋白质结构有所不同，对一种奶过敏，不一定对所有类型的奶都过敏。因此，一个对牛奶酪过敏的人不一定对山羊奶酪或绵羊奶酪也过敏。至今，全世界关于因食用羊奶酪而发生过敏的临床案例非常罕见。

奶酪与减肥

需要减肥的人，常常倾向于选食低脂奶酪，其实这是个误区。低脂奶酪是使用脱脂奶或半脱脂奶制作的，不但质地较硬，而且风味寡淡，有的还具有较高能量，并不利于减肥。实际上，适当少量食用全脂奶酪要比食用大量低脂奶酪更科学。例如，除了在菜肴上撒些硬质奶酪碎末外，烹饪时还可以用加热就熔化的奶酪。另外，需要指出的是，脱脂奶制成的低脂奶酪，由于脂肪含量低，因此，维生素A、维生素E、维生素D等脂溶性维生素含量也少。

许多奶酪都含有食盐，建议喜欢清淡口味的消费者要适当食用。

3.孕妇须知

为安全起见，建议妇女怀孕期间避免食用软质奶酪，以防止特异性细菌如李斯特菌等的感染。误食被该类型细菌污染的软质奶酪，会影响胎儿的健康。为了确保胎儿健康发育，建议孕妇食用特硬质奶酪、硬质奶酪和半硬质奶酪，最好不要食用软质奶酪。

孕妇如果特别想吃软质奶酪，可以将软质奶酪加热烹饪，至少到奶酪起泡或者煮沸后食用。这一类软质奶酪主要包括农家奶酪、山羊奶酪、布里奶酪、卡门贝尔奶酪等，也包括其他品种的青纹奶酪或霉菌型软质奶酪。

动动
奶酪
又何妨

二、奶酪的享用

    对精明的食客来说，奶酪一定是他们的至爱之一。魔力也好，磁力也罢，香醇菁华的奶酪，具有令人难以抵挡的诱惑，一块入口，一击必中，至臻的芳香在舌尖瞬间散开，只剩下美味尊享了。

如果您想享受奶酪，即便是偶发奇想，或者其他什么情况，建议您在最希望享用的那一天去购买奶酪。

品尝奶酪技巧

首先，在选购奶酪时，要注意观察商场专卖柜台里的奶酪是否摆放得整齐有序，切割分装得是否有棱有角，冷藏条件如何等。实际上，仅凭外观去选择奶酪确实有难度，尤其是初次接触奶酪的人。建议先咨询一下售货员，有经验的店员或导购会为您讲得头头是道，甚至还能介绍几种奶酪的食用方法和保存方法。

奶酪的品种很多，最重要的是您喜欢其中的哪种味道，是浓香味、奶油味、坚果味、蘑菇味，还是柠檬味、软糖味、杏仁味、草香味等。要用自己的眼睛和鼻子来判断奶酪，至少闻起来味道要好，要能接受，或者感觉喜欢。假如奶酪有一种非常刺激的氨味，那一定是成熟得有点过头了。当然，有些"老奶酪"人对强烈味道特别钟爱，即使成熟过度也无所谓。

品尝奶酪时，首先要品尝是新鲜清爽的，还是成熟的；是风味较刺激的，还是奶油味十足的。然后是口感，是厚重的，还是软嫩的；是坚硬的，还是弹性的；是否很咸……要记住，品尝奶酪，一定要在嘴里多咀嚼一会儿，多停留一会儿，慢慢体验，细细品味，就能体会到特别滋味。品尝那些质地坚硬的成熟型奶酪时，更要如此。

捕捉美味期

由于相当一部分奶酪是逐渐成熟的，因此，要尽可能准确掌握最佳食用期。过了美味时间段，奶酪风味就会变化。知晓一些奶酪的成熟规

律，有助于享用绝佳美味。

新鲜奶酪要在制成后尽快食用。白霉型奶酪要在出厂3周后食用。青纹奶酪最好在出厂后3～6个月时食用。洗浸奶酪约8周后食用比较好。羊奶酪要等到完全成熟后食用最佳。半硬质奶酪和硬质奶酪，其口感会随着成熟期的延长变得越来越好。

购买新鲜奶酪时，要注意新鲜度和保鲜日期，开封后要尽快食用完。挑选青纹奶酪时，颜色最重要。如颜色是茶色或褐色，说明霉菌可能没有正常发酵，建议不要购买。青纹奶酪应在购买后尽快食用完。洗浸型奶酪若在保质期的最后一周食用，味道会绝美无比，随着成熟时间的不断延长，您会品尝到其口感越来越松软，当然，口味感受因人而异。

绵羊或山羊奶酪从出厂新上市直到完全成熟，在其保质期内，任何时间段食用都会美味十足。通常情况下，相比覆盖核桃叶等的羊奶酪来

　　说，木炭粉包裹着的羊奶酪成熟得略晚些，但是，一旦成熟，就会迸发出浓郁的香味。有些表面覆盖白霉的羊奶酪成熟得很快，有时会带有浓烈香味。

　　白霉型奶酪在其保质期结束前的1～2周味道最佳，新鲜的白霉奶酪有时里面会略硬，但口感无差别，成熟后的香味会很浓，对于脂肪含量（FDM）在60%以上的，出厂后就可以食用。将奶酪搁置在常温下30分钟以上后再食用，口感会更好。

　　半硬质奶酪的成熟时间不会太长，一般在出厂后4～6个月，最长的也不过1年，在这个时段内食用均可。同任何食品一样，购买时要看清产品保质期。只要保存条件适当，外包装未破坏，保质期内半硬质奶酪的口感比较稳定，不会有其他特别味道，可随时美美地享用。

　　硬质奶酪和特硬质奶酪水分含量很少，可以长时间保存，只要不污染，保存适宜，不被其他杂味所熏染，一般口味不会发生明显变化，剩下的只是等您细品慢享了。

奶酪切割工具

　　奶酪种类很多，享用奶酪的切割工具也就非常多，而且形状各异，比较专业，适宜软质奶酪、硬质奶酪、特硬质奶酪的等，可以切片、切块、切丝条的，还有打磨奶酪粉的等。

　　既然是美食，奶酪的切法自然比较讲究，注重情调和艺术，选择合适的工具非常重要。在商场，您会看到奶酪柜台的业务员常用奶酪切割线来切割奶酪，可使奶酪的边缘比较平整且美观。如感兴趣，您也可以购买小一点的奶酪切割线在家使用。

　　专用奶酪刀有多种形状。边缘呈齿状、前端呈弧形且带分叉的，可直接将奶酪戳（挖）成片状。奶酪铲则适合硬质奶酪的刮片。刀背上带孔洞的奶酪刀特别适合家庭使用，比较实用。巧妙的设计可以使奶酪刀既能切割大块软质奶酪，又能避免把奶酪压变形，切割脆硬的奶酪也比其他刀具好用。切割半硬质奶酪，建议用带把柄的奶酪切片刀较适宜，这样能用上力。针对像哥瑞纳帕达诺那样的特硬质奶酪，更多时候是借助厨用擦丝板（筒）直接将奶酪擦成碎末食用。

　　购买奶酪刀具要注意手柄是否舒适，应根据您自己喜欢的奶酪品种

而购买相应的刀具。另外，切割奶酪时，最好是在专用的木质板上进行。家庭用，选择大小适宜的木质板即可，这样既不容易损坏刀具，也不影响奶酪风味，而且方便清洁和置存。用来制作奶酪汤的锅，最好带有保温夹层，以防黏稠糊壁。

2.奶酪切法

前面介绍的基本知识，对切好奶酪非常重要。当然，如何切割因人而异，不必强求，既可以随心，也可以精酌，重在奶酪本身的品味和享受。

无论是哪一种形状的奶酪，各种切法都有一个共同原则，即最后切成的每一小块（片）奶酪都要既有奶酪边缘部分，又有奶酪芯部分，做到每块奶酪内外均有，不偏不倚。

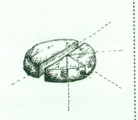

> 扁圆形奶酪

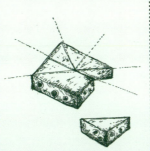

> 方形奶酪

> 金字塔形奶酪

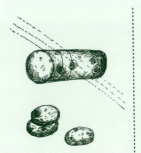

> 圆形奶酪

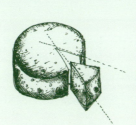

> 圆盘形（鼓形）奶酪

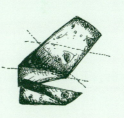

> 三角形奶酪

扁圆形奶酪

首先要从中间对等切成两半，然后再根据自己喜欢的角度切成放射状的扇形。切割时应注意每小块的大小均衡。

圆形奶酪

这种奶酪切法比较简单，可以直接切成厚度5～10毫米的片状，就像切割火腿肠一样，控制好每片的均匀度即可。

方形奶酪

其切割方法与扁圆型奶酪的类似，要注意从中间呈对角线开始切，然后再切成扇形，注意最终应切成小三角形，每块要均匀。

圆盘形（鼓形）奶酪

正确的切割方法与扁圆型奶酪相似。一般从中间开始下刀呈放射状切割，但有时厚度大，需再横向水平地切成两部分，如需再水平向切割，就从侧面开始切成均匀薄片。

金字塔形奶酪

一般要从中间开始向下切割，切成放射状。如果垂直下刀不好切割，可以先横向或纵向切成两段后，再切割。

三角形奶酪

该种奶酪是指已被商家切成了三角形的奶酪。日常生活中，这种情况比较常见，应交替地切成小三角形或沿边缘去切片。

3.奶酪保存

通常情况下，买到手的奶酪仍然在不断地自然成熟，因此，需要谨慎保存。为了品尝到美味，有必要掌握一些奶酪的基本保存方法。保持合适的保存温度与湿度，避免日晒或高温，以及保持干燥等都很重要。

冷藏与冷冻

由于家用冰箱冷藏室常频繁存取食品，因此，冷藏温度并不稳定。最好把奶酪与新鲜洁净的菠菜、芹菜等一起放在密封的容器中保存。通常情况下，冷冻贮存会破坏奶酪的原有味道，然而，为了延长奶酪的保存时间，可以将奶酪放在冷冻室中冰冻，这样可以延缓奶酪的不断成熟，等到要食用的时候再拿到冷藏室解冻即可。但时间最好不要超过2周，长期冷冻的奶酪会因乳脂肪及其降解成分渗出而影响风味。

预防霉斑

为了避免硬质奶酪的发霉（生霉斑），需要用食品保鲜膜严密封好，用食品级保鲜袋或密封盒也可以。要尽可能在购买后2～3周内食用完。为了避免硬质奶酪发霉和干燥，用保鲜膜、保鲜袋或密封盒等封严保存后，一定要放在冰箱的冷藏室内。保存得当的硬质奶酪口感会很好，即使变得发硬也没关系，可以磨碎后放到菜肴中充当调味品。有经验的人，有时会定期用浓度18%～20%的盐水清洗硬质奶酪表面和刀切面，这是家庭有效预防奶酪生霉斑的妙招。

防止干燥

要特别注意避免白霉奶酪与青纹奶酪过度干燥。实际上，即使放在冷藏室里，也不能有效阻止奶酪的不断成熟，所以，最好用密封容器装好。还可以把水果或蔬菜切成薄片后，与奶酪一起保存，效果会好些。为避免洗浸型奶酪干燥，可以与洁净的芹菜等一起放在密闭容器中，再放进冰箱的冷藏室里保存。良好的密封保存，也能防止霉菌型奶酪的霉菌孢子污染冰箱内的其他食品。

　　为防止山羊和绵羊奶酪变干燥，可以用食品级保鲜袋与味道清淡的洁净蔬菜一起封好后放进冷藏室保存。注意不要留空气在里面，要尽可能排尽空气。

　　总的来说，将奶酪暴露在空气中，会对奶酪口味造成影响，因此，保存时应尽量隔绝空气，而且要保持一定潮度。例如，可以与洁净无味的新鲜蔬菜一起放进保鲜袋或密闭容器中，再放进冰箱内保存，有利于保持良好味道。

芥末的妙用

　　芥末具有杀菌作用，而且具有一定挥发性，能够很好地延长奶酪保存时间。可以将适量生芥末置于带清水的敞口容器中，再放进冰箱冷藏室，这样既可以预防奶酪干燥过度，又可以减缓奶酪成熟。不过，应注意经常更换芥末和清水，保持冷藏室内一定的芥末挥发浓度。

　　不同类型奶酪的成熟速度不一样，需要不同的保存形式。新鲜奶酪开封后最好尽快食用。如果需要保存，可用铝箔纸封严后放在冷藏室里，一般最多可存放 1 周。切记不要冷冻。掌握和了解这些，有助于您享受到奶酪美味。

动动
奶酪
又何妨

> 奶酪拼盘

三、奶酪吃法

在吃的法则里，似乎味道重于一切。笔者认为，奶酪最适宜的吃法是直接食用，品其本味。当然，也可以烹调和用于食品调味。比较经典的是与红酒配合着享用，一红一白，原汁原味相互辉映，直至酒乳相融，化在口中，醉在心里；将奶酪切成小方块，用绿色菜叶陪衬起来，再缀上核桃仁、草莓肉、红樱桃，便是一道赏心悦目的前菜；三九寒冬，把心爱的奶酪搁在火锅里，化成涌动的鲜汤，涮肥牛、涮土豆，香浓温暖，全家围坐奶酪火锅……怎么样，跃跃欲试了吧？！

1.经典搭配

　　许多奶酪迷总能在众多奶酪中找到自己的味觉乐趣。无论是把硬质奶酪擦碎拌食，还是直接用新鲜奶酪作餐后甜点，或者干脆将其当成追剧时的零食，以及奶酪鉴赏高手们钟爱的浓重味奶酪，任何搭配都不是一成不变的，只要不断尝试和创新，总有一种或几种搭配吃法适合您。

奶酪与果酒

　　奶酪和果酒都是发酵食品，搭配一处，相得益彰。以下简单介绍几种搭配方法。

　　白霉型奶酪与中国白酒等酒精度较高的蒸馏酒类、白葡萄酒搭配食用，味道最好；深度成熟的白霉奶酪有较强的刺激性味道，适宜与口感醇厚的苹果酒、香槟酒、葡萄酒搭配。

　　普通口味新鲜奶酪没有特别香浓的味道，加上嫩滑的口感，适合搭配微酸、辛辣的白葡萄酒或无酒精饮料；酸甜型口味的新鲜奶酪，搭配辛辣味白葡萄酒比较适宜。

　　硬质奶酪与任何一款红葡萄酒或白葡萄酒搭配都可以，酒精度数的高低都无所谓。半硬质奶酪口感淳朴，可以搭配啤酒或无酒精饮料，以及酒精度较低的香甜红葡萄酒、清爽白葡萄酒。

　　青纹奶酪最适合与辛辣口味的白葡萄酒搭配。如果青霉味道特别重，应搭配酒精度数较高的红葡萄酒；如果青霉的味道较轻，可搭配普通的红葡萄酒。洗浸型奶酪具有特殊的香味和松软口感，最好搭配陈年、口感醇厚的葡萄酒。

　　有的羊奶酪酸味较重，适合搭配酒精度数较低的红葡萄酒或辛辣的白葡萄酒。刚成熟的羊奶酪最好搭配白葡萄酒，而成熟好的羊奶酪则搭配红葡萄酒会更好。

> 奶酪配红酒

> 奶酪配含酒饮料

> 奶酪配面包和果酱等

奶酪与面包

生活中，面包与奶酪有着天然的亲近，搭配也有讲究。要注意面包的风味口感要与奶酪相接近。总的来说，涂抹和切片是基本搭配食法，简单而富有营养。

新鲜奶酪适宜搭配微微烤焦的面包片，还可以搭配不加糖的白面包、燕麦面包等。

白霉型奶酪与切成薄片的白面包搭配，食用起来口感会很好。若奶酪的风味比较重，建议搭配燕麦面包。

如果将黄梨或苹果切成薄片，同时夹在面包里一起食用，味道会更好。

> 青纹奶酪涂抹烤面包

　　青纹奶酪搭配微酸的燕麦面包或含调味料的面包比较适宜，如在面包中同时再加入一些蜂蜜或干果类，口感会更好。洗浸型奶酪可以与黑面包搭配，还可以搭配微酸的燕麦面包及干果类。

　　半硬质奶酪可以搭配燕麦面包、甜面包或加调味料的面包。

　　硬质奶酪可以搭配用小麦粉和燕麦粉混合制成的面包，或者黑面包、条形面包等。

　　羊奶酪与白面包、全麦面包、燕麦面包、甜面包等都可以搭配食用。

> 奶酪与黄梨、葡萄等水果搭配

奶酪与水果

奶酪的香味与水果的甘甜合在一处，确实让人惬意。除新鲜水果外，干果类或果酱类也可与奶酪搭配。

新鲜奶酪与柑橘、苹果、香蕉、葡萄、猕猴桃等水果，一起食用时口感特别好。此外，草莓、樱桃等酸味型的水果类，也可以与新鲜奶酪搭配。

白霉奶酪与新鲜水果搭配，口感很特别，尤其是苹果和葡萄。将苹果切成片夹杂在奶酪中一起食用，香甜可人。另外，半熟芒果的微酸口感与白霉奶酪搭配很适宜，如在冷藏后食用，味道更爽甜。

> 硬质奶酪配红树莓、蓝莓

　　青纹奶酪与葡萄搭配在一处效果绝佳，酸味的葡萄与咸味的青纹奶酪协调般配。黄梨或西红柿与青纹奶酪搭配也不错。

　　洗浸奶酪很适合与葡萄、猕猴桃搭配，如果去皮后用果肉，味道更美。

　　新鲜的羊奶酪可搭配果酱类或猕猴桃，成熟的则可搭配核桃仁。半硬质奶酪和硬质奶酪非常合适与葡萄搭配。那些略带酸味的葡萄干会使羊奶酪风味口感更佳。

食材用量换算

液体类食材调料：1茶匙 ≈ 5毫升　　1大匙 ≈ 15毫升　　1小匙 ≈ 5毫升

固体类或油脂类：1茶匙 ≈ 5克　　　1大匙 ≈ 15克　　　1小匙 ≈ 5克

2.奶酪食谱

　　厨房应是享受生活、放松身心的地方。不过请记住，只要有了奶酪，就会使您的厨艺再显高超，便可为亲人和朋友轻松地奉献出一顿可口的美餐。笑品寰宇美味佳肴，想必是人人最期望的，无所谓本土或异域风情，您说呢？！

奶酪炸酱面

材料： 北京奶酪20克（擦丝）、面条150克、黄酱50克、酱油10克、葱姜蒜5克、蘑菇50克（香菇、口蘑、杏鲍菇）、蔬菜丝50克（黄瓜、胡萝卜、豆芽）。

制作方法：

① 油锅烧热后放入葱姜蒜末儿，煸炒出香味儿。

② 加入切碎的蘑菇丁儿，继续煸炒。

③ 出汤后，加入黄酱和酱油，搅拌均匀。

④ 上色后，加入擦好的北京奶酪丝，继续翻炒。

⑤ 大火收汤，炸酱完成。与切好的菜丝一起装在盘子里边备用。

⑥ 煮面条，开水下锅后待漂起，点凉水（重复2次）。

⑦ 面条煮熟后放入冷水中过遍水，以防面条粘连。

⑧ 最后加入菜丝、奶酪丝、炸酱即可食用。

注：大部分奶酪含有食盐，喜食清淡的可酌定加盐量。以下各食谱情况同此。

奶酪糯米饭

材料： 鞍达奶酪100克（切丝）、糯米300克、香肠100克、蘑菇丁50克、蔬菜丁50克、盐适量、黑胡椒适量、色拉油50克。

制作方法：

① 先加入洋葱和胡萝卜丁炒香，然后加入蘑菇丁，继续翻炒。

② 煸好后，放入玉米丁和香肠丁。

③ 翻炒几次后，倒入之前泡好的糯米，炒出米香。

④ 加入部分切成丝的鞍达奶酪。

⑤ 全部倒入蒸锅，加水（水没过米饭即可），再加些奶酪丝。

⑥ 盐和黑胡椒适量加入，搅拌均匀，蒸40分钟即可出锅享用。

奶酪糊塌子

材料：北京奶酪100克（切丝）、西葫芦100克、胡萝卜50克、鸡蛋3个、面粉300克、盐适量。

制作方法：

① 将面粉倒入容器中，一边搅拌一边加入水（一碗即可，酌情增减）。

② 加入蛋液，搅拌均匀。

③ 加入西葫芦丝。

④ 加入胡萝卜丝。

⑤ 加入奶酪丝。

⑥ 煎锅加油预热，倒入一小勺面糊，摊成双面上色即可。

奶酪蒜肠比萨

材料： "蒙牛"马苏里拉奶酪条150克、面团200克、蒜肠100克、洋葱10克、彩椒10克、比萨酱适量、比萨草少许。

制作方法：

① 先发面，等面团发酵至2倍大即可将面团擀成饼皮状。

② 放入烤盘，用筷子戳些小孔，防止面饼回缩。

③ 抹上比萨酱。

④ 均匀撒上马苏里拉奶酪条和比萨草。

⑤ 撒上彩椒丝。

⑥ 均匀放好手撕的蒜肠，最上边再放上一层马苏里拉奶酪条。

⑦烤箱250℃加热7～10分钟即可出炉食用（据自家烤箱情况适当调节温度）。

注：① 比萨草也称为牛至，又名土香薷（rú）、小薄荷、花薄荷、马约兰。② 用奶酪烤制比萨饼，既可以用超市中能买到的马苏里拉奶酪丝（条），也可以自己动手用北京奶酪、鞍达奶酪等半硬质奶酪擦制成的细丝来替代。当然，使用马苏里拉奶酪的拉丝效果比较好。实际上，国外相当多的比萨并不是单一地使用马苏里拉奶酪制作，而是混用帕玛森、罗马诺、里科塔或蒙特里杰克等来制作，注重比萨风味类型，满足不同人群口味。

奶酪橄榄菜焗饭

材料： "艾爱"马苏里拉奶酪条50克、米饭150克、橄榄菜30克、蔬菜丁50克（黄瓜丁、胡萝卜丁、洋葱丁）、鸡蛋1个、盐适量。

制作方法：

① 油锅烧热，鸡蛋加水打散，炒熟捞出备用（加一点水可以让鸡蛋更鲜嫩）。

② 将蔬菜丁倒入油锅中煸炒，直至飘出香味儿。

③ 加入橄榄菜继续翻炒。

④ 将加热好的米饭倒入锅中。

⑤ 撒入预前炒好的鸡蛋，与米饭融合在一起。

⑥ 加入马苏里拉奶酪条，用铲子翻拌均匀。

⑦ 看到奶酪拉丝后，盛入容器中，再次撒上一些马苏里拉奶酪。

⑧ 烤箱250℃加热约5分钟（据自家烤箱情况适当调节），上色即成。

红枣奶酪粽子

材料： "来思尔"马苏里拉奶酪100克、糯米500克、红枣200克、粽子叶20片、马莲草10根。

制作方法：

① 粽子叶和马莲草上火煮软。

② 糯米前期要浸泡5小时以上。

③ 取2片粽子叶摆好。

④ 卷成三角形。

⑤ 分三次，每次往里边分别加入约占1/3的糯米、1/3的马苏里拉奶酪条、几颗大枣。

⑥ 包裹紧，用马莲草捆住，上锅蒸1.5小时。

奶酪金枪鱼三明治

材料： "三元"爱克优酪（原味奶油奶酪）、面包片、金枪鱼、彩椒碎、白胡椒、奶油生菜。

制作方法：

① 将爱克优酪和金枪鱼放入容器中搅拌均匀。

② 加入彩椒碎和白胡椒继续搅拌。

③ 把面包片放在饼铛上烤一下，双面酥脆即可。

④ 在面包上涂抹一层爱克优酪。

⑤ 把金枪鱼蔬菜馅料涂抹到面包上。

⑥ 覆盖几片生菜，切成三角形即成。

拔丝奶豆腐

材料："洒出日"奶豆腐500克、鸡蛋蛋清80克、淀粉60克、白糖150克、植物油500克（实用150克）、水100克。

制作方法：

① 准备好鸡蛋清。蛋清内加入淀粉，搅拌均匀。

② 将奶豆腐切成3厘米×1厘米×1厘米的小块。

③ 取奶豆腐块分3次加到蛋清淀粉糊中，滚匀挂糊。

④ 锅内放油至七成热，逐个下挂糊奶豆腐，炸至微黄捞出控油。分3次炸完，再将其全部倒入锅内复炸约1分钟捞出控油。

⑤ 锅内放底油中火加热，加入白糖，炒糖汁不断搅动至浅黄色，以勺舀起糖汁呈黏稠丝线状时即关火，倒入奶豆腐迅速翻炒均匀出锅即成。每块食用时蘸凉水，脆香可口。

香酥奶酪蛋挞

材料："三元"爱克优酪（原味）150克、淡奶油50克、砂糖30克、淀粉5克、蛋挞皮适量。

制作方法：

① 将淀粉和砂糖倒入容器中混合均匀。

② 加入软化好的爱克优酪。

③ 加入奶油，用手动打蛋器搅拌至黏稠状。

④ 倒入裱花袋中挤到蛋挞皮里，八分满即可。

⑤ 放入冰箱冷藏1小时后取出，表面可以抹一些蛋黄液，使得颜色更好看。烤箱预热220℃，烤15分钟即可。

> 乳饼蘸糖食用

乳饼三吃

　　乳饼生吃：将乳饼切成薄片，蘸白糖、炼乳或蜂蜜等即可直接食用。

　　香煎乳饼：将乳饼切成薄片，锅烧热后加入少许植物油（橄榄油），油热后改为小火，放入乳饼煎炸，定时翻面，翻2～3次视两侧面金黄色即出锅，配上蘸料（椒盐、玫瑰酱或炼乳）即可。

　　蒸乳饼：将乳饼切成薄块，火腿切成薄片，大小修整成与乳饼差不多，但尽量薄一点，按一片乳饼、一片火腿再一片乳饼的顺序依次排好入盘，放入蒸锅内蒸15分钟即可。

> 香煎乳饼

> 蒸乳饼

奶酪烤白菜

材料：大白菜250克、洋葱1/2个、熏肉50克、胡萝卜、熟土豆泥、"三元"马苏里拉奶酪丝60克、鞍达奶酪切条15克、香菜适量、市售牛奶70毫升、调料A（植物油、水、白糖、盐）、调料B（面粉、高汤、鸡精、胡椒粉）。

制作方法：

① 将大白菜的叶片剖开洗净切成块，加入调料A拌匀，盛入带盖的微波炉专用加热容器中，微波炉中火加热3分钟，备用。

② 将调料B拌匀备用；熟土豆泥与牛奶调成糊状备用；洋葱洗净后切末备用。

③ 熏肉切小块，与步骤②备好的材料一起用微波炉高火加热2分钟，拌匀成糊状备用。

④ 另取一容器，将大白菜块铺在底部，上面加胡萝卜片，加入步骤③的材料，撒上奶酪丝和奶酪切条，用微波炉高火加热2分钟即成。

注：① 高汤是烹饪中最常用的一种辅料，通常是指以老母鸡（或老母鸭）、鸽子、猪骨、牛骨、瑶柱（干贝）、冰糖、白胡椒粒、桂圆肉、生姜等为主要材料经过长时间熬煮所得的汤水。在烹调过程中代替水加入菜肴中，是为了提鲜，使味道更浓郁。高汤的做法很多，有荤有素，主要有鸡高汤、猪高汤、牛高汤、鱼高汤、蔬菜高汤等。② 奶酪粉可用如鞍达奶酪、北京奶酪、萨陀奶酪等硬质奶酪经擦碎研末或用刀细切成碎粒。

金瓜奶酪

材料：鞍达奶酪100克、金瓜（南瓜）200克、蛋黄2～3个（或蛋黄酱2大匙）、面粉少许、绵白糖少许。

制作方法：

①将金瓜切成小条（约5厘米长×1厘米宽×1厘米厚）；硬质奶酪切条，大小与金瓜条相当。

②蛋黄与面粉混合均匀成糊，金瓜条与奶酪条分别挂糊备用。

③锅入油烧至五六成熟，下锅金瓜炸至金黄捞出沥油，再下奶酪炸至金黄捞出。

④锅留少许底油，再将炸好的金瓜和奶酪下锅，加少许绵白糖翻炒出锅即可。

油炸奶酪馄饨

材料：馄饨皮 1盒，火腿2根，鱼肉罐头 1盒，"蒙牛"马苏里拉奶酪条适量，"光明"芝士片（再制奶酪）适量，食盐、胡椒少许，食用油适量，韭菜适量。

制作方法：

① 将火腿和鱼肉切成小块。

② 将"蒙牛"马苏里拉奶酪条和"光明"芝士片切成1厘米的条块状，然后倒入碗中。将步骤①中的火腿和鱼肉加入，撒上食盐和胡椒搅拌均匀。

③ 用馄饨皮包入步骤②中的材料后，将馄饨皮对角扣叠粘住。放入锅中煎炸至熟后盛于盘中即成，也可放上少许韭菜点缀。

奶酪烧土豆

材料：土豆4～5个、熏猪肉2～3块、洋葱1个、"蒙牛"马苏里拉奶酪条200克、"妙可蓝多"原味新鲜奶酪3～4大匙、面包粉（屑）2～3匙、黄油1大匙、色拉油适量、胡椒少许。

制作方法：

① 将土豆去皮后切成5毫米厚薄片，置沸水中煮熟。

② 将熏猪肉切成1厘米厚块状，以色拉油煎炒至熟后，加入洋葱再炒短时，然后加入胡椒调味。

③ 备好200克"蒙牛"马苏里拉奶酪条。

④ 在盘中涂上一层"妙可蓝多"原味新鲜奶酪，放上土豆片，再放步骤②和步骤③中的材料。撒上面包粉、胡椒粉和黄油。置于电磁炉上200℃加热几分钟后即可。

奶酪烧白鱼

材料：

白鱼（鳕等）2～4片，食盐、胡椒少许，黄油1大匙，白葡萄酒少许，"光明"马苏里拉碎60克，洋葱（切碎）1大匙，香菜（切碎）1大匙。备选蔬菜：腌制的胡萝卜、煮熟的四季豆、香芋等酌量。

制作方法：

① 将白鱼清洗干净，然后以食盐和胡椒腌制一会儿。

② 平锅中将黄油加热，然后煎炸步骤① 中的白鱼后，加入白葡萄酒焖煮短时。

③ 加入奶酪碎和洋葱、香菜等。

④ 于微波炉中加热一段时间，直至表面微焦。

⑤ 倒入盘中，加入备选蔬菜即可食用。

奶酪煎蛋

材料：

鞍达奶酪（切碎末）2大匙，鸡蛋2个，火腿（切碎）1根，面包2片，蘑菇(切碎)少许，胡椒末少许，黄油适量，圣女果（小西红柿）、绿叶蔬菜适量。

制作方法：

① 将鸡蛋打在碗中，放入奶酪碎末儿、火腿、蘑菇等，拌匀，然后放胡椒末调成鸡蛋液。

② 将涂抹黄油的干面包预热后，全部裹上步骤①中的鸡蛋液，文火煎熟。

③ 把步骤②中做好的面包放入盘中，加入圣女果和绿叶蔬菜点缀即成。

奶酪意大利面

材料：意大利面80～90克、食盐 5克左右、黄油1/2匙（或鲜奶少许）、稀奶油100毫升 、萨陀（Sartori）帕玛森奶酪碎适量、黑胡椒（颗粒）少许、香菜（切碎）少许、青纹奶酪（备选）20～40克。

制作方法：

① 把萨陀硬质奶酪小心磨碎。

② 用锅将水加热至沸腾，然后放入食盐，蒸煮意大利面。

③ 在另一只锅中盛入少许清水，加入少许萨陀奶酪碎及黄油或鲜奶，用文火煮开制成调味料备用。

④ 将意大利面出锅，过清水后盛入盘中，洒上步骤③中的调味料和萨陀奶酪碎，放少许黑胡椒和香菜末（也可选加青纹奶酪）即成。

注：青纹奶酪为备选。添加量依个人口味而定。

奶酪蔬菜寿司

材料：鞍达奶酪（切碎末儿)2大匙，酸奶 120毫升，橄榄油 2大匙，食盐、胡椒少许 ，西兰花 、菜花 、秋葵、胡萝卜、黄瓜 、寿司团 适量。

制作方法：

① 奶酪碎末儿、酸奶倒入碗中搅匀后，加入橄榄油、食盐、胡椒等，搅拌成调味料。

② 将西兰花、胡萝卜、菜花、黄瓜等洗净，并将它们切成1厘米厚块（条）状。

③ 将秋葵、胡萝卜、西兰花、菜花、黄瓜等煮2分钟，取出沥干放入盘中。

④ 备好适量寿司团放入盘中。

⑤ 用步骤③和步骤④中的食材，蘸取步骤①的调味料一起食用即可。

奶酪牛肉片

材料： 薄牛肉片（熟）约350克，北京奶酪约80克，生菜、大葱适量，柠檬汁1人份，橄榄油4匙，食盐、胡椒少许。

制作方法（凉菜型）：

① 把生菜洗净，沥干表面残水。

② 北京奶酪切成薄方片，厚2～3毫米。

③ 将大葱切碎，铺盘中。再摆好经开水煮熟（或煎熟）的薄牛肉熟片，洒上柠檬汁。

④ 将步骤①中的生菜铺于上面，加橄榄油，以食盐和黑胡椒调味，放上步骤②中的奶酪薄片。

⑤ 置于冰箱冷藏一段时间后即可食用。

奶酪法式葱头汤

材料： 白洋葱半个，黄油40克，大葱（切碎）适量，白葡萄酒200毫升，鸡精（1～2匙，含汤）500毫升，月桂1个，香菜（切碎）适量，食盐、胡椒少许，法式面包（切成薄片）8片，鞍达奶酪（切条）40克。

制作方法：

① 将洋葱皮剥皮并切成碎薄片。

② 在平锅中将黄油加热，炒熟大葱。然后放入步骤①中的洋葱炒至洋葱变色。

③ 加入白葡萄酒、鸡精、月桂、香菜和食盐、胡椒等调味，小火焖煮30分钟。

④ 法式面包切成薄片。

⑤ 将步骤③中的材料倒入玻璃（瓷）盘中，加入步骤④中的面包片和鞍达奶酪条，用微波炉强火加热10分钟。出炉，再撒少许香菜装饰即可食用。

奶酪火锅

材料： "三元"芝士片（再制奶酪）200克、萨陀金牌原味奶酪碎粒100克、大葱适量、黄油1大匙、白葡萄酒150毫升、面包1个、煮熟的胡萝卜适量、煮熟的香肠适量。

制作方法：

① 将两种奶酪切碎或磨碎（也可用相近风味的其他奶酪，总量不变）。

② 将面包以及煮熟的胡萝卜、香肠等切成块状。

③ 将大葱切段放入锅中，加约200毫升水，再加黄油及步骤①中的奶酪，然后以文火煮一段时间。

④ 锅中倒入白葡萄酒，一起搅拌混匀继续文火加热，注意不要让水沸腾，以防溢出。

⑤ 待步骤④中食材呈黏糊状关火，即可蘸取其他食材享用。

注：也可将西兰花、菜花、大蒜、橄榄等煮熟共同食用。

奶酪水果沙拉

材料： 凤梨（新鲜）1个，猕猴桃适量，米醋1小匙，寿司适量，香蕉、木瓜等水果适量，鞍达奶酪（切片）4～6片。

制作方法：

① 凤梨去皮去核，木瓜、香蕉、猕猴桃等去皮，均切成薄片，一起码入盘中。

② 将寿司蒸熟并冷却。此时，如放入一点米醋味道会更佳。

③ 把步骤②的寿司放在步骤①的盘中，再放上鞍达奶酪片即成。

奶酪南瓜鲜虾面

材料： 宽扁面（熟）200克、南瓜150克、"三元"北京奶酪（切丝）100克、洋葱末儿50克、鲜虾10只、蒜末儿5克、高汤200毫升、橄榄油1大匙、茄汁肉酱4大匙。

制作方法：

① 宽扁面若是生的，可先行煮熟。

② 南瓜连皮一起切薄片；鲜虾去壳，并挑虾线洗净。留头尾洗净，放入滚水中汆汤至熟备用。

③ 热锅中倒入橄榄油，放入蒜末炒香，加洋葱末炒软，再加南瓜片略煎一下，将熟宽扁面和茄汁肉酱、高汤放入锅中拌炒。

④ 倒入专用烤盘中，铺上鲜虾，撒上一层北京奶酪丝，放入预热180℃烤箱中，待奶酪熔化且烤成表面金黄色即成。

芝士果肉蛋糕

材料： 北京三元爱克优酪（奶油奶酪）200克，市售牛奶100克，鲜鸡蛋4个，黄油60克，白砂糖80克，低筋面粉25克，玉米淀粉20克，柠檬汁少许，草莓、芒果等鲜果适量。

制作方法：

① 将奶油奶酪隔热水搅拌熔化至微白，加入黄油、牛奶和柠檬汁继续搅匀。

② 把鸡蛋的蛋黄与蛋清分离，将蛋黄分3次加入步骤①中持续搅拌。

③ 稍许，筛入玉米淀粉和低筋面粉，搅拌抽打至无可视颗粒后备用。

④ 将蛋清打发至湿性发泡（打发期间，白砂糖分3次加入）。

⑤ 将步骤④中的蛋清分3次加入步骤③中搅匀后，倒入6寸蛋糕模具中。

⑥ 烤箱最下层放置已加适量水的烤盘，将蛋糕模具置于烤箱中间层的烤网上，烤箱设置130℃，以上下双火烘烤约50分钟后，再将烤箱温度调升至150℃继续烘烤，直至蛋糕表面开始上色后取出静置冷却，经脱模蛋糕成型。

⑦ 将洗净的草莓、芒果肉等鲜果点缀于蛋糕表面即成。

注：依个人口味酌定奶酪的用量，可制成浓味芝士蛋糕、淡味芝士蛋糕。

———— 第三部分 ————

奶酪鉴赏

　　奶酪是世界上最古老的乳制品之
一。不同国家、不同地域、不同品种、
不同工艺、不同成熟度的奶酪，在人与
大自然的协作下，都会呈现出与众不同
的质地、特征、口感和风味。以下专门
选取部分中外奶酪品种和产品予以介
绍，供鉴赏。

動動
奶酪
又何妨

阿本塞尔（Appenzell）奶酪

产地：瑞士东部

　　阿本塞尔奶酪原产于瑞士东部，属一种山区硬质奶酪，外形与格鲁耶尔奶酪相似，但风味略强。表面呈浅褐色薄硬壳，是由于成熟过程中不停地用含有香料和葡萄酒的盐水洗刷奶酪表面而形成。常制成车轮状，重5～6.75千克。奶酪团呈奶油色泽，上面有小洞，尤其以农家自制的洞眼略多。芳香浓烈，并带水果味。与全麦面包和新鲜黄油搭配食用，味道别样。

　　该种奶酪可用于佐餐，也可用于焙烤，还可作调味料。具有很好的热熔性，加热呈热熔状态后，可蘸蔬菜或面包食用。阿本塞尔奶酪由未经杀菌的全脂牛奶制成，经凝乳酶凝乳后，切割凝乳块并进行热处理后入模，成型后置于低温高湿的成熟库成熟3～5个月。阿本塞尔奶酪于1981年获AOC产品标志，受到产地保护。正宗的阿本塞尔奶酪标签是象征阿本塞尔州的盾型图案，上面有一只狂暴熊。

奶源：未经巴氏杀菌的牛奶
类型：硬质，经热处理与压榨，洗型外壳
乳脂肪（FDM）：45%
成熟期：3～5个月
滋（气）味：中等至强烈，特殊芳香

中国鞍达（Anda）奶酪

产地：中国东北

　　鞍达奶酪产自中国黑龙江省安达市，至今已有100多年的历史。早期该种奶酪是以不杀菌的洁净牛奶为原料，不使用乳酸菌发酵剂，加凝乳酶（皱胃酶）凝乳后排除乳清入模，经自然发酵、定期翻转成熟而制成，醇香浓郁，风味极佳。过去也称"俄式不杀菌奶酪"。20世纪50—80年代，该奶酪一直供应人民大会堂，曾是国宴上的经典美食。2013年，"鞍达奶酪"商标获得黑龙江省食品工业协会认定和保护。

　　鞍达奶酪成熟过程中，定期用盐水刷洗。冷藏条件下保质期12个月。奶酪形状多为圆柱形或圆饼形。奶酪团有少量小孔，质地细腻，奶香甘醇。成熟度越高，风味越发浓郁多样。从历史沿革看，鞍达奶酪是东亚细亚地区一种古老的不杀菌手工奶酪。食用方法多样，既可直接食用，也可用于佐餐及各种菜肴的调味，韵味无穷，令人垂涎。

奶源： 巴氏杀菌牛奶
类型： 硬质，经热处理与压榨，天然外壳
乳脂肪（FDM）： 45%
成熟期： 2～3个月
滋（气）味： 中等微强，香醇浓厚

北京奶酪 (Beijing Cheese)
产地：中国北京

　　北京奶酪产自北京三元食品股份有限公司。该种奶酪是以牛乳为原料，经巴氏杀菌、天然发酵、凝乳酶凝乳、切割、排乳清、搅拌、水洗、压榨、盐渍、成熟等工序，使用国外先进的设备生产制作而成，完整地保留了乳中精华营养成分。

　　北京奶酪既可以直接食用，也可做成佐餐。经典的就是与红酒搭配，红白两物相互逗引，内蕴十足。将其切成小方块，用生菜叶铺在盘底，缀上核桃仁儿、草莓尖儿、百里香末儿等，便是一道美美的开胃菜；也可把奶酪切碎置于火锅中，化成稠汤，用来涮牛肉与蔬菜等，鲜浓温暖，别有滋味；还可切片做三明治，夹在面包中与生菜、鸡肉或火腿一起搭配，烘焙到奶酪熔化后享用。

奶源： 巴氏杀菌牛奶
类型： 半硬质，经热处理与压榨，天然外壳
乳脂肪（FDM）： 45%
成熟期： 2～3个月
滋（气）味： 温和至中等，奶香浓郁

布里（Brie）奶酪

产地：法国西北

　　布里奶酪原产于法国，素有法国"奶酪之王"美称，目前许多国家都在生产制造。大多为扁平的圆盘状，表面有一层长满白色霉菌绒毛的薄皮，风味随产地不同而有所差别，一般有一种泥土清香，混有类似烤杏仁等坚果的香气和蘑菇气味。随着成熟加剧，中心变软，风味由清淡开始变得浓烈。

　　新鲜的布里奶酪有清新水果香气，酸中有甜，质地似蛋糕，柔软但有咀嚼感，内芯有孔。完全成熟的，内芯呈象牙色的油状，切开时，香浓柔滑的内馅会流出来，气味浓郁，甚至带有刺激气味。布里奶酪可直接食用；也可烘烤约15分钟，配上面包块及新鲜蔬菜食用；还可将烘烤后的布里奶酪削去外皮（烤的外皮干硬有苦味），蘸取辣椒酱或甜辣酱一起搭配面包，是一道不错的美味。

奶源： 牛奶
类型： 软质，霉菌薄壳
乳脂肪（FDM）： 45%～60%
成熟期： 1～2个月
滋（气）味： 温和至微强，水果香气，坚果味，咸味，酸味

卡门贝尔（Camembert）奶酪

产地：法国西北

　　卡门培尔奶酪原产于法国诺曼底地区，起初是以未经巴氏杀菌处理的牛奶为原料经手工制作而成。这种奶酪表面白霉菌外壳上带标志性特点，有种细小光亮的褐色斑点。诺曼底当地人特别喜欢食用成熟度适中、中心呈现白色固体状的卡门贝尔奶酪，口感香浓且不黏腻。如今世界上许多国家都利用巴氏杀菌奶来生产卡门贝尔奶酪。

　　卡门贝尔奶酪是一种白色软质奶酪，具有清爽的香草气息和果香味，稍带蘑菇香气。随着成熟度的加深，奶酪内部的颜色和柔软程度逐渐发生变化。卡门贝尔奶酪成熟适度的标志，是用食指和拇指夹住奶酪中心，稍微挤压会有轻微凹陷。卡门贝尔奶酪可以采用像食用布里奶酪那样富有情调的吃法，搭配苹果酒和核桃等，也可将其涂抹在面包上，加上火腿，制作成美味的三明治。

奶源： 杀菌或不杀菌牛奶
类型： 软质，霉菌外壳
乳脂肪（FDM）： 45%～50%
成熟期： 1～2个月
滋（气）味： 温和至中等，奶香与甜味

切达（Cheddar）奶酪

产地：英国西南

切达奶酪原产于英国。经典高品质的切达奶酪对原料奶的要求非常严格。切达奶酪也是再制奶酪的重要原料。虽然全世界的每一个牧场水土、饲草资源以及生产的切达奶酪都有各自的特色，口感也不完全一致，但醇厚的奶香、典型的微酸味道以及坚果类的香气，都是切达奶酪不变的标志，吃上一口，酸甜的奶香在口中缠绵萦绕，着实让人回味无穷。

对于英国人来说，切达奶酪是他们世代饮食中不可或缺的食物之一。或夹在三明治中当作早餐，或当作日常零食，从普通百姓的午餐到宴会的芝士拼盘，都少不了切达奶酪的身影。由于切达奶酪深受欢迎，所以它成为世界各地普遍生产的奶酪之一，食用方法也十分多样，例如将切达奶酪片或奶酪碎撒在马铃薯上烘烤至熔化，或者撒在各种蔬菜或意大利面上一起焙烤，都是非常可心的美食；还可以将切达奶酪碎搭配马苏里拉奶酪用于比萨制作；有人甚至在制作饼干等甜点时也加入切达奶酪，赋予饼干特殊的咸香风味。

奶源： 牛奶
类型： 硬质，天然外壳或无外壳
乳脂肪（FDM）： 55%
成熟期： 3个月至3年或更长时间
滋（气）味： 温和直至强烈，奶香，咸味，酸味

歇布（Chèvre）奶酪

产地：法国

　　法国生产的山羊奶酪统称为歇布奶酪，也称"契福瑞"奶酪。这种奶酪有多种形状，大小不一，在法国产量很大。歇布奶酪类型很多，大多由山羊奶制作，也有的用山羊奶与牛奶或绵羊奶混合进行生产。法国的歇布奶酪直径5～7.5厘米，外壳色白而薄，外部用草席或塑料包装。意大利、德国等地也生产歇布奶酪。

　　歇布奶酪内部颜色很白，质地柔软，适宜涂抹。风味由清淡至浓厚不一，也有些奶酪具有一种强烈的霉菌味。新鲜的奶酪口感饱满顺滑，略有刺激气味与芳草气息；半软质的有柔和膻味，质地细腻。可切成片与面包搭配或与面包圈烧烤食用，还可用于制作沙拉或意大利面食。这种奶酪经加热滋（气）味会减弱。

奶源： 山羊奶
类型： 新鲜、半软质、硬质，人工外壳或天然外壳
乳脂肪（FDM）： 45%～55%
成熟期： 几天至几个月
滋（气）味： 温和至强烈，奶香味和草木香味

科尔比（Colby）奶酪

产地：美国威斯康星州

　　科尔比奶酪最早产自美国威斯康星州，是一种工业化大批量生产的奶酪产品，在美国很受民众青睐。其风味与切达奶酪相似，但质地相对较软，水分含量也更高，甚至有时还呈现出特别的网纹状组织形态。与绝大部分美国生产的切达奶酪一样，科尔比奶酪常常添加食用色素制成橙黄色，味道温和而清淡。

　　科尔比奶酪一般分为未成熟型(2个月)和成熟型（1年)两种类型。常被用来代替切达奶酪夹在三明治中食用。由于制造过程中凝块经过了水洗，所以科尔比奶酪的酸味和咸味较淡。成熟后的科尔比奶酪质地比较干硬。科尔比奶酪的发明，使消费者在烘烤三明治、汉堡、墨西哥鸡肉卷、黑麦面包，以及食用苹果、梨等水果等佳肴时，增添了新花样。

奶源： 牛奶
类型： 硬质，压榨，无外壳
乳脂肪（FDM）： 45%～55%
成熟期： 60天
滋（气）味： 温和清淡，甜味

考姆特（Comtè）奶酪

产地：法国东北

　　原产于法国的考姆特奶酪，也称格鲁耶尔·德·考姆特(Gruyere de Comte)奶酪，可能与瑞士格鲁耶尔奶酪有不解之缘。产地主要位于孚日（Vosges）至浩特撒沃依（Haute-Savoie）的山区，是以未经巴氏杀菌牛奶为原料由一些小型奶酪厂制造的。成熟期一般1年以上。外形为大的圆柱体，重约40千克。外表覆盖一层米色硬薄壳，随着成熟，质地厚重而坚硬，浅金色奶酪团分布少量孔眼。

　　成熟奶酪常有种迷人的花香味道，同时，还富有一种香甜的坚果风味，仔细品尝，口腔溢满坚果香与奶香复合的特殊味道，而且会在口中持续很长时间，最后的余味却能展现一丝舒服的咸味。深度成熟的考姆特奶酪有时会呈现一股浓烈的草香气息。考姆特奶酪与水果一起搭配是餐后很好的美味，还可与凉火腿或腊肠一起制成三明治。

奶源： 未经巴氏杀菌的牛奶
类型： 硬质，热处理与压榨，天然洗型外壳
乳脂肪（FDM）： 45%
成熟期： 5～12个月
滋（气）味： 中等

农家奶酪（Cottage cheese）

产地：全球

　　农家奶酪属于软质凝乳酶型奶酪，呈粒状和低酸特征，一般用脱脂乳或脱脂乳粉制作，因此成品的脂肪含量很低。在美国、英国、澳大利亚等地普遍生产。用凝乳酶来凝固原料乳，再切割凝乳成方块，并充分清洗以减少酸味。常见的有甜凝乳型、片状型、低酸凝乳型。凝乳后表现出大颗粒状的，酷似爆米花，称为"爆米花型"，那种小颗粒的则称为"乡村类型"或"农场型"。有时，奶油会与这种凝乳混合后再出售，若含脂肪4%以上，则被称作"奶油农家奶酪"，有时也会加入橄榄和辣椒等增加风味。农家奶酪食用方法非常多，应用广泛。

　　在美国，农家奶酪消费量相当大。口感好，风味多样，可直接食用和拌沙拉，食用方便。制作相对比较简单，分为"速制法"和"慢制法"，但都要经巴氏杀菌处理后冷却到指定温度。其中，"速制法"指加入更多乳酸菌发酵剂且发酵温度更高。

奶源： 脱脂或低脂的原料奶
类型： 软质新鲜
乳脂肪（FDM）： 1.5%～5%
成熟期： 即食
滋（气）味： 温和清爽，奶油状口感，很淡的咸味

乳脂肪（FDM）

滋（气）味

成熟期

奶油奶酪（Cream cheese）

产地：全球

　　奶油奶酪是一种软质新鲜奶酪，具有温和的酸味和浓郁的乳香味，质地松软、光滑且有奶油感。全世界各地都有生产，有农家自制的，也有乳品厂生产的。它可以像奶油一样自由涂抹，涂抹性极佳也是奶油奶酪最重要的功能特性。奶油奶酪的商业销售包装一般是纸包装或盒装，因此，要求奶油奶酪应有足够的硬度，既不能太脆也不能太黏。

　　北京三元爱克优酪是在全脂牛奶中添加稀奶油经巴氏杀菌后，加入乳酸乳球菌乳酸亚种和乳酸乳球菌乳脂亚种进行发酵及凝乳酶凝乳，经切割、排乳清而制成。爱克优酪，是一款能品味到鲜美风味的奶酪，让人体验到爽滑清淡的酸味，口感类似酸奶，但醇香比酸奶丰富得多，品味极佳。由于是未经成熟的奶酪品种，建议开包装后应尽早食用完。食用时，可加砂糖、蜂蜜等，也可以加入水果碎粒，还可涂布面包或配制沙拉与三明治等。

奶源： 稀奶油+全脂牛奶
类型： 软质新鲜
乳脂肪（FDM）： 45%～65%，甚至更高
成熟期： 即食或成熟期2个月
滋（气）味： 温和至中等，清爽柔和，质地细腻

艾达姆（Edam）奶酪

产地：荷兰

艾达姆奶酪起源于荷兰的埃德（Ede），历史悠久。艾达姆奶酪所用原料奶的乳脂肪含量约2.5%，因此，艾达姆奶酪属于脂肪含量相对低一些的硬质奶酪。味道清新温和，有一种很讨人喜欢的清淡口味，还带有一股特殊的芳香，质地细腻而密实，奶酪团富有弹性，外形通常为球形或扁圆形。

艾达姆奶酪是世界各地比较常见的奶酪之一。荷兰生产用于出口的艾达姆奶酪均为红色蜡皮，这种红色外壳是艾达姆奶酪的标志性颜色，也称"红波"。成品艾达姆奶酪一般重为1.5～2千克。该种奶酪可以被当作零食直接享用，或者切碎后拌沙拉。美国等一些国家也生产艾达姆奶酪，用红色石蜡或其他类红色黏性材料包裹成外壳。

奶源： 部分脱脂牛奶

类型： 硬质，压榨型，蜡皮或天然外壳

乳脂肪（FDM）： ≤40%

成熟期： 1～12个月

滋（气）味： 温和清淡，芳香味

埃门塔尔（Emmentaler）奶酪

产地：瑞士

　　埃门塔尔奶酪起源于瑞士，因源于瑞士伯尔尼地区艾姆河流域的埃门塔尔山谷而得名，是以未经巴氏杀菌的牛奶为原料制成的半硬质奶酪，有时也称为瑞士奶酪。埃门塔尔奶酪的典型特征是外面包有一层薄薄的硬壳以及制造成熟过程中形成的孔洞，孔洞的数量和大小取决于生产过程中丙酸菌与乳酸菌的发酵程度，通常情况下孔洞的大小介于樱桃和核桃之间。这种别致孔洞的块状奶酪已成为卡通绘画等艺术表达奶酪的典型标志。

　　埃门塔尔奶酪具有草香、花香和坚果味的复合气息，一般重70千克以上。如今，不同类型的埃门塔尔奶酪在世界各地都有生产，瑞士规定必须成熟4个月以上的方可出口。埃门塔尔奶酪的热熔性比较好，很适宜烹饪或熔化后涂抹在面包、三明治食用，还可磨碎后撒在蔬菜、沙拉、汤中享用。当然，最简单的方法莫过于美美地直接食用。

奶源：未经巴氏杀菌的牛奶
类型：硬质，经热处理与压榨，洗型或涂油型外壳
乳脂肪（FDM）：45%
成熟期：4～18个月
滋（气）味：温和至中等，坚果味

艾斯偌姆（Esrom）奶酪

产地：丹麦

　　艾斯诺姆奶酪起源于丹麦，诞生于19世纪30年代，起初被认为与法国的波特撒鲁特奶酪类似，因此曾经有一段时间被人们改称为丹麦波特撒鲁特奶酪。与法国的波特撒鲁特奶酪相比，艾斯诺姆奶酪似有更多曲折故事。经艾斯诺姆地区僧侣们的不懈努力，从19世纪50年代开始，艾斯诺姆奶酪终于得以正名，重新以"Esrom"命名了。

　　外形通常呈扁平长方形，常用金属薄膜包装。质地柔软，分布一些均匀洞眼。感官与味道通常呈现出油腻状和芳香味，能长时间地余留在口腔中，久久不散。随着持续成熟，其香味更浓郁。丹麦人有时把奶酪切成片状，与洋葱、橘子肉一起夹在三明治中，还可把奶酪熔化后做成汉堡。

奶源： 牛奶
类型： 半软质，刷洗型外壳或无外壳
乳脂肪（FDM）： 45%～60%
成熟期： 10～12周
滋（气）味： 中等，坚果芳香味

菲达（Feta）奶酪

产地：希腊

　　菲达奶酪是希腊山区牧民赖以生产经营的主要奶酪品种，深受希腊人喜爱，消费量也很大。传统的菲达奶酪最初是由绵羊奶制作而成，有时也把部分绵羊奶和山羊奶混合起来作为原料，风味更具特色。美国等一些国家使用牛奶生产菲达奶酪。

　　菲达奶酪没有外壳，颜色一般呈现纯白色，组织状态密实，易碎，有一些微小洞眼与裂缝。菲达羊奶酪有种特别的奶香味，带有奶油样的口感，质地细腻，味道强烈。在希腊，几乎随处都能购买与食用到菲达羊奶酪。菲达奶酪同面包一起可作营养早餐，搭配一些西红柿、橄榄等便可成就一顿美滋滋的正餐。菲达奶酪也可以直接食用，作为零食或者将其磨碎撒在蔬菜与沙拉上一起食用。

奶源： 山羊奶、绵羊奶或牛奶
类型： 硬质或新鲜，浸盐水
乳脂肪（FDM）： 50%
成熟期： 1～3周
滋（气）味： 清淡，咸味明显

芳提娜（Fontina）奶酪

产地：意大利西北

　　芳提娜奶酪是采用未经巴氏杀菌的全脂奶制造的。正宗的芳提娜奶酪是在意大利皮德蒙特的奥斯塔山谷生产的，用绵羊奶制作，以凝乳酶凝乳，外壳上刻名称，受到原产地认定保护（DOP），通常夏季在山上小厂制作，而冬季则在山下乳品厂生产。因成熟度、产地及原料奶的不同，质地和组织状态由半软质至半硬质表现不一，但外壳多为黄褐色。未成熟的芳提娜奶酪，奶酪团色泽比较浅淡，可作涂抹用，有股纯正奶香气息；而成熟的芳提娜奶酪呈现黄色，质地较硬而平滑，分布一些均匀小孔，有可人的水果香气和坚果味。

　　芳提娜奶酪通常为车轮状，大小不一，一般重8～20千克。丹麦、美国等一些国家是用牛奶制作芳提娜奶酪。熔化后的芳提娜奶酪可直接用作蘸料，或者制作三明治和沙拉。

奶源： 未经巴氏杀菌的绵羊奶或牛奶
类型： 半软质至半硬质，凝乳热处理与压榨，洗型外壳
乳脂肪（FDM）： 45%
成熟期： 3～4个月
滋（气）味： 温和，坚果味、水果味

古冈左拉（Gorgonzola）奶酪

产地：意大利北部

　　古冈左拉奶酪是受到原产地认定保护的传统青纹奶酪之一，也是意大利主要的青纹奶酪品种，风味浓郁，质地紧密并且呈现乳脂状，颜色由白色至淡黄色不一，有标志性绿色斑点与纹路。成品形状多呈圆盘形（鼓形），重6～13千克不等，粗糙的硬外壳呈现灰红色，并夹杂许多白斑。以全脂牛奶为原料，是一种高脂肪、成熟型奶酪，脂肪占干物质的48%。

　　如今，这种受保护的奶酪在意大利西北部一些大型乳品厂生产。早期用于制作古冈左拉奶酪的奶，都是产自那些在春夏两季往返高山牧场不停迁徙的奶牛。古冈左拉奶酪香气明显，味道强烈，有微苦蘑菇味，经盐水洗刷的外壳散发酒的气味。美国制造的古冈左拉奶酪通常要干硬一些，味道浓烈。

奶源： 牛奶
类型： 半硬质，青纹，洗型外壳
乳脂肪（FDM）： 48%
成熟期： 3～6个月
滋（气）味： 强烈

哥达（Gouda）奶酪

产地：荷兰

　　哥达奶酪原产于荷兰南部哥达镇，用巴氏杀菌牛奶制作。哥达奶酪与艾达姆奶酪相似，但乳脂肪含量高于艾达姆。通常呈扁圆形，大小各异，小的约2.7千克，大的约23千克。在荷兰，有蜡封或不蜡封两种形式，外壳大多呈现黄色（成熟度很高的涂黑蜡皮），奶酪团分布一些孔洞。哥达奶酪有人也称其为"黄波"。

　　哥达奶酪与艾达姆奶酪生产方法较相似。尽管原料乳是在28～32℃下实施凝乳，但哥达奶酪最常用的是32℃。切割凝乳后，排除乳清，凝乳块温度提高到38～41℃。凝乳加热温度越高，质地越坚硬。哥达奶酪切成块就可以直接食用，切片还可做成三明治等，那种深度成熟发硬的可做奶酪汤、菜肴浇汁用。

奶源：巴氏杀菌牛奶
类型：半硬质，凝乳热处理与压榨，天然外壳或人工外壳
乳脂肪（FDM）：48%
成熟期：1个月至2年
滋（气）味：温和至强烈，坚果味、甜味

格鲁耶尔（Gruyère）奶酪

产地：瑞士

　　格鲁耶尔奶酪原产于瑞士，是以未经巴氏杀菌的牛奶为原料制作的传统半硬质奶酪。瑞士每年生产的奶酪，一半是格鲁耶尔奶酪。法国也生产格鲁耶尔奶酪。瑞士生产的格鲁耶尔奶酪外壳上都印有"瑞士"的字样。真正的格鲁耶尔奶酪主要产于瑞士西部的弗里堡州(Fribourg)格鲁耶尔镇及其附近一些农场。格鲁耶尔奶酪外形车轮状，块头较大，一般重20~45千克，外壳干硬呈褐色，质地坚实，口感细滑，奶酪团为浅黄色，分布许多孔眼。深度成熟的质地更坚实，颜色呈淡黄色，有明显草香气息和蜂蜜香气，坚果味十足。

　　与埃门塔尔奶酪不同的是，制作格鲁耶尔奶酪时，其凝乳块切割后，要用蒸汽热烫，温度比较高，压榨时间也长，成型后要盐渍8天以上，在室温下成熟2个月，再转入低温库房。格鲁耶尔奶酪可直接食用，也可用于三明治、烤面包和鱼汤中，还适合作调料蘸取食用。

奶源： 未经巴氏杀菌的牛奶
类型： 硬质，经热处理与压榨，天然洗型外壳
乳脂肪（FDM）： 45%
成熟期： 3~10个月
滋（气）味： 中等，风味浓郁

哈罗米（Halloumi）奶酪

产地：塞浦路斯

　　哈罗米奶酪最早起源于地中海东部的塞浦路斯，是一种独具特色的新鲜羊奶酪。希腊、黎巴嫩和中东地区及罗马尼亚也生产这种奶酪。过去，在漫长冬季里，绵羊和山羊都停止产奶，出于对蛋白质的需求，塞浦路斯人被迫将夏季收集的羊奶制成奶酪保存起来，以便随时食用，从而形成了许多羊奶酪制作法。从古到今，哈罗米奶酪始终是塞浦路斯人必不可少的食品，许多山村小店都有制作。特点是质地有弹性，挤压后不变形，加热时形状不改变，常用于烹饪餐饮业。

　　过去传统的哈罗米奶酪用欧洲盘羊奶制作，后来哈罗米奶酪用山羊奶或绵羊奶制作。目前，用牛奶制作的也越来越多。风味醇美，口感似炼乳。过去是将奶放进大锅里熬煮，现代都用不锈钢间歇式巴氏杀菌罐或片式与盘管式巴氏杀菌器进行杀菌。特别适宜油炸、烤焙、烧烤，或者搭配蔬菜制成开胃菜、小吃和三明治等。

奶源： 山羊奶、绵羊奶或牛奶
类型： 密实但新鲜，浸盐水，无外壳
乳脂肪（FDM）： 40%
成熟期： 即食，无需成熟
滋（气）味： 清淡温和，奶香醇厚，咸味

林堡（Limburg）奶酪

产地：德国

　　100多年前，德国奶酪制造商奥高(Allgau)开始制作半硬质的林堡奶酪。美国伊利诺伊州和威斯康星州也生产林堡奶酪。林堡奶酪具有洗型外壳奶酪特有的典型刺激风味，产地及成熟度不同，风味也不同。林堡奶酪通常被制成长方形或条状，外壳呈现黄褐色或浅红色，奶酪团多为稀奶油般的浅黄色。林堡奶酪可与粗面包、洋葱一起制成三明治，也可与薄脆饼干同吃。

　　1877年，按林堡奶酪制作原理，美国威斯康星州的约翰·乔斯（John Jossi）发明了砖型（Brick）奶酪制作法。他成功尝试了夹在两块砖头之间进行挤压，一边压榨，一边吸附。后来索性将这种奶酪制成砖型，外壳呈现红色，质地密实，风味刺激，有明显的坚果味。味道虽不及林堡奶酪那么浓烈，但很接近德国的太尔西特（Tilsit）奶酪。

奶源： 牛奶
类型： 半软质至半硬质，天然洗型外壳
乳脂肪（FDM）： 30%
成熟期： 90天
滋（气）味： 依成熟时间不同，从温和至相当刺激不等

曼彻格（Manchego）奶酪

产地：西班牙

　　曼彻格奶酪原产于西班牙，是西班牙著名的羊奶酪。其侧面有特殊的"之"字形条纹，顶部和底部表面也有花纹。为符合官方标准，所有曼彻格奶酪都有标志性花纹，现代工业生产的已用带花纹模具代替传统的针草编织物。曼彻格奶酪呈现浅黄色外壳，表面长有霉菌，销售前须洗干净，有时还会上蜡。奶酪内部呈乳白色，质地坚硬而密实。

　　随着成熟度增加，风味愈发醇厚和多样，有坚果与焦糖混合的浓郁香味，非常诱人。奶酪水分含量低，质地干燥而顺滑，口感滑腻。年份久的曼彻格奶酪吃起来味道强烈，是久食奶酪人的最爱。如切成薄楔形，浸泡在香气浓郁的绿橄榄油中，会使其风味更加浓烈。曼彻格奶酪可以像其他硬质奶酪一样直接食用或者烹饪，口感和滋（气）味非常好。除此之外，它还能广泛地应用于各类菜肴，呈现出一种令人喜欢的果仁甜香味道。

奶源：绵羊奶
类型：硬质，压榨型，天然外壳
乳脂肪（FDM）：45%～50%
成熟期：2个月至2年
滋（气）味：中等至强烈，复合浓郁型坚果味

马斯卡彭（Mascarpone）奶酪

产地：意大利

　　马斯卡彭奶酪起源于意大利，属农家奶酪范畴，呈诱人奶白色，有着天鹅绒般细腻丝滑质地，口感酷似浓厚的奶油。甜味与柠檬酸味相互结合，具有特别的奇妙味道及一种饱满持久的奶油香气。尽管加工方法与酸奶相似，但还是被人们称为凝乳奶酪，制造时主要使用酒石酸或柠檬酸，并在奶油中加入发酵剂逐渐升温后使其变得黏稠。比较适合素食者食用。

　　马斯卡彭奶酪是制作意式甜点提拉米苏（Tiramisu）必不可少的原料之一，也被用于其他西点制作，如法式水果奶酪布丁夏洛特（Charlotte）等。糖渍的苹果片和柠檬与马斯卡彭奶酪合并一处，是一种绝佳美味搭配，还能制作一系列餐食料理，如枫糖马斯卡彭苹果派、杏仁奶酪苹果派，以及与面食一起焙烤食用或作开胃菜等，都是意大利人十分喜爱的美餐。

奶源：稀奶油
类型：软质新鲜
乳脂肪（FDM）：75%
成熟期：即食，无需成熟
滋（气）味：温和，奶香浓郁，稀奶油口感

马苏里拉（Mozzarella）奶酪

产地：意大利

  马苏里拉奶酪起源于意大利南部，是一种软质可塑性凝乳酶型奶酪。现在许多国家都有生产。美国马苏里拉奶酪产量很大。中国的三元、蒙牛、光明、艾爱、来思尔等乳业公司都生产这类奶酪，简称"马苏"。这种奶酪最初是由水牛奶制作，现在也用牛奶制作。呈不规则球状，重约0.4千克或更轻。

  制作时，通常在30～31℃时添加凝乳酶凝乳（用巴氏杀菌奶的凝乳温度为35.5℃），凝乳切割后放在袋子里沥干。随后开始加热、捏合、拉伸、盐渍等。奶酪呈乳白色圆球形，表面光滑，富有纤维结构而呈弹性。一般味道清甜温和，奶香醇厚，香气质朴。具有良好的热熔性、拉丝性，特别适于制作比萨。有时厂家常将其制成碎粒或细条，以方便烤制比萨。切片后可拌沙拉。

奶源： 牛奶或水牛奶
类型： 新鲜半软质，浸盐水
乳脂肪（FDM）： 45%
成熟期： 1～3天
滋（气）味： 温和，清新奶香

门斯特（Munster）奶酪

产地：法国东北

门斯特奶酪是最早起源于法国的一种软质奶酪，产于阿可尔萨斯山区的门斯特村及附近地区，这个地区的门斯特奶酪受到原产地认定的保护。农家生产的以未经巴氏杀菌的牛乳为原料乳，而工业化产品则用巴氏杀菌牛乳。奶酪呈扁圆形，用木制盒或纸盒盛装。未成熟的，薄而坚固的外壳呈现桃红色，奶酪团为白色；而成熟的，外壳呈深褐色，内部呈金黄色，质地柔软，有小洞眼，外壳散发柠檬味，奶香浓郁，风味强烈。

美国的门斯特奶酪与砖形奶酪相似，制成圆柱状或条形，还会加入色素，成熟期4周或更长。经过成熟后的第1周或第2周就开始销售，常用牛皮纸或蜡纸包裹，然后装在盒子里。总的来说，适度成熟的门斯特奶酪具有强烈气味和奶香味。一般重1～4.5千克。可用于佐餐、快餐或烧烤后食用，也可以在煮熟的马铃薯上加入小茴香与门斯特奶酪一起食用，味美诱人。

奶源： 牛奶
类型： 软质至半硬质，天然洗型外壳
乳脂肪（FDM）： 45%～50%
成熟期： 1～3个月
滋（气）味： 强烈

帕玛森（Parmesan）奶酪

产地：意大利

　　帕玛森奶酪起源于意大利，在意大利的帕尔玛、瑞吉欧、摩德纳等地区都能生产，过去生产时间一般在4—11月。属于经粉碎后食用的一种特硬质奶酪。一般重22～36千克。该种奶酪呈黄色车轮状，全身印有包括奶酪名字在内的点状暗纹，确保切开每一块都有奶酪名称，以作为正品标志。奶酪表面刻有乳制品识别编号、生产日期以及意大利贸易协会认证印章。

　　帕玛森奶酪一般外部涂油，内部为褐色，或有洞眼，切断面易碎、掉屑，质地坚硬。帕玛森奶酪吃起来像新鲜菠萝般香甜的水果味，伴随强烈饱满的咸味。即便切开后，其保质期也可达数周。直接食用味道最完美，也可用于烹饪，可将其磨碎撒在面包、沙拉、意大利面等菜肴表面，还可制奶酪酱、浓汤等。

奶源： 牛奶
类型： 特硬质，热处理与压榨
乳脂肪（FDM）： 28%～32%
成熟期： 12个月至4年
滋（气）味： 中等至强烈，浓郁水果味、坚果味、清香味等

佩科里诺（Pecorino）奶酪

产地：意大利

  意大利中南部地区是山羊和绵羊的主要饲养地带，用羊奶制作各种类型质地密实的奶酪是该地区的特点。这些羊奶硬质奶酪，通常被人们统称为佩科里诺奶酪。奶酪外壳呈现不同颜色，似乎是奶酪工匠们个人的随性作品。如有些外面用番茄酱涂刷，有些则用食用油和木灰涂刷。

  佩科里诺奶酪形状多为圆盘形（鼓形），重为22～33千克，奶酪团由浅黄色到深棕色不一。随着奶酪成熟，奶酪团颜色变深，质地坚硬，甚至可见蛋白晶体，具有羊奶酪的特征性柠檬味。香气与风味随奶酪成熟而发生多样变化。新鲜的味道清淡，有股柠檬味，而成熟的则变得极其辛辣或者刺激，而且盐味十足。未成熟的奶酪也可以直接食用，或者与橄榄面包一起搭配成意式午餐。意大利人喜欢成熟的佩科里诺奶酪，可将其磨碎后烹调菜肴，也可以做成美味的馅料。

奶源： 绵羊奶
类型： 硬质或特硬质，热处理与压榨
乳脂肪（FDM）： 50%
成熟期： 2个月至1年
滋（气）味： 中等至强烈，浓郁柠檬等复合香气

三元夸克（Sanyuan Quark）风味奶酪

产地：中国北京

　　北京三元致力于开发适宜中国人口味的奶酪，采用自主研发设备和传统工艺，以生牛乳和脱脂乳为原料，通过巴氏杀菌处理，加入发酵剂，经凝乳酶凝乳后，排除凝块部分乳清，再压榨制成新鲜夸克奶酪，并加入适量黄油、果酱馅料或坚果等，外层涂巧克力，形成奶香浓厚至温和清淡的多种口味组合，制成了巧克力型口感多样的三元夸克风味奶酪。该奶酪特点是奶酪粒在产品中分布均匀，有奇妙的凝乳粒咀嚼感，巧克力涂层光滑诱人。

　　夸克奶酪（Quark）最早起源于德国，其历史可追溯到铁器时代，是一款古老的农家素食奶酪。德文"Quark"的意思是"凝块"，至今仍是德国主要奶酪品种之一。夸克奶酪一般质地平滑柔软，呈白色，大多装在罐中销售，成品的脂肪含量差异很大。目前，许多国家都生产不同风格类型的夸克奶酪。

奶源： 巴氏杀菌牛奶
类型： 新鲜奶酪
乳脂肪（FDM）： 35%～40%
成熟期： 无需成熟，即食
滋（气）味： 温和清淡

乳脂肪
（FDM）

成熟期

里科塔（Ricotta）奶酪

产地：意大利

里科塔奶酪起源于意大利。严格说，里科塔奶酪是奶酪业的副产品，是由乳清制作的。奶酪生产中所形成的乳清应尽快生产里科塔奶酪，以防止酸化过度。通常对乳清进行加热，使乳清中的蛋白（主要是球蛋白）颗粒结合在一起，形成凝乳块后再排水，制成里科塔奶酪。目前，中欧、南欧及北美等许多国家都生产里科塔奶酪。美国的主要产区在威斯康星州和纽约州。

意大利许多商店里的里科塔奶酪是以新鲜白色奶酪形式出售，形状酷似反扣起来的小盆样，也有的是装在塑料杯（桶）内出售，风味清淡且甜润，质地呈松散颗粒状，有柑橘香气，给人清新愉悦感。在意大利面食中使用广泛，可焙烤，还可配上蓝莓酱、槐花蜂蜜一起涂抹在黑麦面包上食用。

奶源： 牛奶、羊奶或水牛奶的乳清
类型： 新鲜或半软质，无外壳
乳脂肪（FDM）： 45%
成熟期： 2～3个月
滋（气）味： 温和，水果甜味

洛克福（Roquefort）奶酪

产地：法国东南

　　洛克福奶酪起源于法国东南部阿韦龙省洛克福村，该地区的克姆巴罗（Combalou）山有许多互连的山洞，洞内凉爽湿润，全年保持5～10℃和95%的湿度，为洛克福奶酪成熟提供了良好环境。法国规定"洛克福"一词只能用在洛克福地区制作的羊奶酪上。未经巴氏杀菌的全脂羊奶在24～28℃经凝乳酶凝乳、切割、排除乳清后，在凝乳碎粒中分层次均匀喷洒青霉孢子粉液，几天后移至洞穴中进行盐渍和成熟。之后每个奶酪打孔，使空气进入奶酪内部，促进青霉菌生长。成熟期间需定期地刮擦与刷洗奶酪表面，保持清洁。

　　该种奶酪无外皮，味道既刺激又浓郁，有奶香、坚果香与水果香，质地密实，奶酪团颜色较白，布满青绿色纹理。将洛克福奶酪切成块与面包一起食用，是体现极致风味的最佳食法，也可制成奶酪酱，或掰碎撒到沙拉、意大利面上尽享美味。

奶源： 未经巴氏杀菌的绵羊奶
类型： 半硬质，青纹奶酪
乳脂肪（FDM）： 45%
成熟期： 3～6个月
滋（气）味： 强烈刺激

斯蒂尔顿（Stilton）奶酪

产地：英国

　　斯蒂尔顿奶酪是以英国中部的斯蒂尔顿村来命名的。斯蒂尔顿奶酪素有"奶酪之王"美名，受斯蒂尔顿奶酪协会保护。奶酪外皮厚而硬，这种因霉菌生长所形成的坚硬外壳，像长满青苔的岩石，颜色呈浅棕色，略带褶皱。内部奶酪团有白色斑点，蓝绿色纹理非常漂亮。未成熟的质地较脆，成熟的较软。重2.5～8千克，外形为圆盘形（鼓形）。奶酪香气浓郁，味道刺激，充满坚果味与水果味。随着不断成熟，风味愈发强烈。

　　夏季生产的斯蒂尔顿奶酪品质上乘，多在圣诞节前出售。一般商店、超市中的斯蒂尔顿奶酪成熟时间都不长，而专卖店有成熟的。斯蒂尔顿奶酪适合与红葡萄酒搭配，也适宜在正餐后食用，还可用于佐餐、快餐和汤。英国曾流行一种特别的吃法，将奶酪顶部削掉一片，用针在上面刺洞，将酒慢慢灌进奶酪内部，然后用长柄勺舀挖奶酪吃。

奶源：牛奶
类型：半软质至半硬质，青纹奶酪，天然洗型外壳
乳脂肪（FDM）：48%～55%
成熟期：3～18个月
滋（气）味：强烈

Aiai Cheese（中国）   艾爱奶酪

Adygeyskiy（俄罗斯，Адыгейский）   阿迪格奶酪

Allgau Emmenthaler（德国）   奥高埃门塔尔奶酪

American Cheese（美国）   美国奶酪

Anda（中国）   鞍达奶酪

Appenzell（瑞士）   阿本塞尔奶酪

Artisan Cheese（全球）   手工奶酪

Asiago（意大利）   阿奇亚戈奶酪

Austrian Smoked Cheese（奥地利）   奥地利烟熏奶酪

Banon（法国）   巴侬奶酪

Bavarian Blue（德国）   巴伐利亚青纹奶酪

Beijing Cheese（中国）   北京奶酪

Blue Cheese（全球）   青纹奶酪

Boursin（法国）   布森奶酪

Brick（美国）   砖形奶酪

Brie（法国）   布里奶酪

Caboc（英国）   比卡博克奶酪

Cabrales（西班牙）   伯瑞勒斯奶酪

Camembert（法国）   卡门贝尔奶酪

Cantal（法国）   卡塔尔奶酪

Chabichou du Poitou（法国）   沙比舒奶酪

Cheddar（英国）	切达奶酪
Cheshire（英国）	柴郡奶酪
Chèvre Cheese（法国）	歇布奶酪
Chinese Royal Cheese（中国）	宫廷奶酪
Circassian（俄罗斯，Черкесский）	切尔克斯奶酪
Colby（美国）	科尔比奶酪
Cottage Cheese（全球）	农家奶酪
Cream Cheese（全球）	奶油奶酪
Danbo（丹麦）	丹博奶酪
Danish Blue（丹麦）	丹麦青纹奶酪
Dried Royal Cheese（中国）	酪干
Dunlop（英国）	邓洛普奶酪
Edam（荷兰）	艾达姆奶酪
Emmentaler（瑞士）	埃门塔尔奶酪
Esrom（丹麦）	艾斯偌姆奶酪
Feta（希腊）	菲达奶酪
Fontina Cheese（意大利）	芳提娜奶酪
Fromge Frais（法国）	法国白奶酪
Gammelost（挪威）	伽马罗斯特奶酪
Geitost（挪威）	杰托斯奶酪
Ginger Juice Cheese（中国）	姜撞奶
Gorgonzola（意大利）	古冈左拉奶酪
Gouda（荷兰）	哥达奶酪
Grana Padano（意大利）	格瑞纳-帕达诺奶酪
Gruyère（瑞士）	格鲁耶尔奶酪
Halloumi（希腊）	哈罗米奶酪
Hochland（俄罗斯）	霍赫兰德奶酪

Hofdingi （冰岛）	郝福辛吉奶酪
Jack （美国）	杰克奶酪
Jarlsberg （挪威）	亚尔斯堡奶酪
Kefalotiri （希腊）	凯发罗特里奶酪
Kostromskoi （俄罗斯，Костромской）	科斯特罗姆斯科伊奶酪
Lancashire （英国）	兰开夏奶酪
Leipjuusto （芬兰）	芬兰面包奶酪
Lesson Cheese （中国）	来思尔奶酪
Limburg （德国）	林堡奶酪
Livarot （法国）	里伐罗特奶酪
Maasdam （荷兰）	马斯丹奶酪
Mahon （西班牙）	马弘奶酪
Manchego （西班牙）	曼彻格奶酪
Maroilles （法国）	玛瑞里斯奶酪
Mascarpone （意大利）	马斯卡彭奶酪
Mesost （挪威）	麦斯托奶酪
Milk Cake （中国）	乳饼
Milk Fan （中国）	乳扇
Milk Granule （中国）	奶疙瘩
Milkground Cheese （中国）	妙可蓝多奶酪
Milk Tofu （中国）	奶豆腐
Milleens （爱尔兰）	米里斯奶酪
Montasio （意大利）	蒙塔西奶酪
Monterey Jack （美国）	蒙特里杰克奶酪
Mozzarella （意大利）	马苏里拉奶酪
Munster （法国）	门斯特奶酪
Pag （希腊）	帕格奶酪

Paneer（印度）	潘尼尔奶酪
Parmesan（意大利）	帕玛森奶酪
Pecorino（意大利）	佩科里诺奶酪
Picon（西班牙）	比根奶酪
Pizza Cheese（全球）	比萨奶酪
Polderkaas（荷兰）	博得奶酪
Pont I Eveque（法国）	庞特伊维克奶酪
Port Salut（法国）	波特撒鲁特奶酪
Poshekhonskiy（俄罗斯，Пошехонский）	波舍霍夫斯基奶酪
Processed Cheese（全球）	再制奶酪
Provolone（意大利）	波萝伏洛奶酪
Quark（德国）	夸克奶酪
Serra da Estrela（葡萄牙）	埃斯特拉雷山奶酪
Qula of Tibetan（中国）	曲拉
Ricotta（意大利）	里科塔奶酪
Robiola（意大利）	罗比奥拉奶酪
Romano（意大利）	罗马诺奶酪
Roquefort（法国）	洛克福奶酪
Rossiiskiy（俄罗斯，Российский）	俄罗斯奶酪
Saint Paulin（法国）	圣宝林奶酪
Saishang Cheese（中国）	塞尚奶酪
Samsoe Cheese（丹麦）	萨姆索奶酪
Sbrinz（瑞士）	史布林斯奶酪
Skyr（冰岛）	斯凯尔奶酪
Sovetskiy（俄罗斯，Советский）	苏维埃茨基奶酪
Stilton（英国）	斯蒂尔顿奶酪
Stori Dimon（冰岛）	斯托里迪蒙奶酪

String Cheese（全球）   纤丝奶酪（手撕奶酪）

Suyuan Quark（中国）   三元夸克风味奶酪

Suzibai（中国）   苏孜拜

Taleggio（意大利）   塔雷吉欧奶酪

Tête de Moine（瑞士）   泰特德默因奶酪

Tilsit（德国）   太尔西特奶酪

Valencay（法国）   瓦朗赛奶酪

Wensleydale（英国）   温斯利代尔奶酪

Whey Cheese（全球）   乳清奶酪

Yorkshire（英国）   约克郡奶酪

致谢
Acknowledgement

　　美国威斯康星大学雷河分校、美国威斯康星州奶农协会、美国爱莉丝奶业合作公司以及美国威斯康星州农业贸易和消费者保护厅为本书提供了精美的图片，在此表示诚挚的谢意！

　　Sincere thanks to University of Wisconsin - River Falls, Dairy Farmers of Wisconsin, Ellsworth Cooperative Creamery and Wisconsin Department of Agriculture, Trade and Consumer Protection for providing fine pictures to this book.

　　同时对本书编写过程中给予大力支持的以下机构和个人致以最诚挚的谢意！

　　Also thanks to following organization and individuals sincerely for their support and assistance to this book.

　　卡罗琳·布雷迪（Carolyn J.Brady，美国威斯康星大学雷河分校）

　　温迪·斯多克（Wendy Stocker，美国威斯康星大学雷河分校）

　　陆　瑗（Jennifer Lu，美国威斯康星州农业贸易和消费者保护厅）

　　克里斯·科茨（Chris Kohtz，美国威斯康星州埃尔斯沃）

　　吴　华（Jennifer Wu，加拿大多伦多）

　　俞　洁（Jerry Yu，澳大利亚悉尼）

　　苏　枫（Gang Su，美国新泽西州帕西帕尼）

　　阿拉腾其木格（内蒙古正镶白旗乳香飘奶制品有限公司）

　　王增礼（黑龙江鞍达实业集团股份有限公司）

金　越（北京三元食品股份有限公司）

任　松（上海广泽食品科技股份有限公司）

双　全（内蒙古农业大学食品学院）

马　丽（北京银河路经贸有限公司）

伍　勇（北京探厨餐饮管理有限公司）

宗学醒（蒙牛乳业集团股份有限公司）

刘振民（光明乳业股份有限公司）

王诗丽（宁夏塞尚乳业有限公司）

艾兴文（腾冲市艾爱摩拉牛乳业有限责任公司）

杨　波（云南皇氏来思尔乳业有限公司）

洪琼花（云南省畜牧兽医科学院）

李景芳（新疆维吾尔自治区乳品质量监测中心）

边　珍（西藏自治区农牧厅）

陈三有（广东省畜牧技术推广总站）

陈巴特尔（内蒙古奶业协会）

陈联奇（《荷斯坦》杂志社）

王新庄（河南农业大学）

方　涛（北京天嘉伟业科贸有限公司）

焦其昌（陕西优利士乳业有限公司）

覃能斌（黑龙江省家畜遗传资源保护中心）

王　颖（哈尔滨轻工业学校）

陈　炜（戴维林国际贸易上海有限公司）

许　岩（东北农业大学）

吴　军（哈尔滨市道里区卫生监督所）

孙丽颖（哈尔滨市卫生和计划生育委员会）

郑晓明（大连三寰乳业有限公司）

杨晶晨（哈尔滨综合乳品厂）

王建飞（黑龙江省工程咨询评审中心）

李时峰（黑龙江地方储备粮有限责任公司）

巴登加甫（新疆伊犁新褐种牛场）

陈树明（新疆塔城地区种牛场）

封　斌（《乳业时报》）

王彦华（哈尔滨森永乳品有限公司）

诸瑞纳（浙江一鸣食品股份有限公司）

刘　坤（国药励展展览有限责任公司）

周自兵（北京华澳永盛商贸有限责任公司）

肖　珂（美国康涅狄格大学）

贡蓄民（中国农垦经济发展中心）

参考文献
Reference

董暮萤，任发政，2004.世界干酪文化鉴赏[M].北京:化学工业出版社.

谷鸣，2009.乳品工程师实用技术手册[M].北京:中国轻工业出版社.

郭本恒，刘振民，2015.干酪科学与技术[M].北京:中国轻工业出版社.

国家食品药品监督管理局.2009.国际食品法典标准汇编（第四卷）[M].北京:科学出版社.

刘成果，2013.中国奶业史[M].北京:中国农业出版社.

农业部奶业管理办公室，全国畜牧总站，2017.奶业科普百问[M].北京:中国农业出版社.

日本文艺社，2009.干酪品鉴大全[M].崔柳,译.沈阳:辽宁科学技术出版社.

天天家常菜编委会，2009.招牌宴客菜[M].上海:上海科学普及出版社.

张书义，2012.乳业生产安全概论（八）[J].中国乳业（9）:60-63.

中国奶业发展战略研究课题组，1990.中国奶业发展战略研究[M].武汉:湖北科学技术出版社.

Judy Ridgway，2001.干酪鉴赏手册[M].葛宇，译.上海:上海科学技术出版社.

出版者的话

——写于《动动奶酪又何妨》出版之际

一年前，全国畜牧总站张书义先生对我说：我想写本奶酪的书，我想让奶酪走上我们老百姓的日常餐桌。

我高度期待：好呀，照科普图书奖的标准策划、编写。

我的期待是有根据的。缘于多年对农业农村部畜牧系统严谨作风的再三体验，缘于对主创者张书义先生精业和勤业精神的再三见证。

当稿件摆到我面前，翻阅中，便觉奶酪在味蕾中激发的浪漫，瞬间弥漫到了全身。一个出版者遇到一本匠心好稿的感觉，真的是妙不可言。

书名的确定，更显主创人员的用心和精心。从全国畜牧总站站长杨振海先生，到编写人员，到出版社编辑，前后取了十来个书名。最后的定名，则是基于多个微信群的投票结果。

动动奶酪又何妨？这个书名，以绝对优势被读者抓取。

我仿佛看到了读者渴望探知的眼神！

我迫不及待地先要回答一下：动动奶酪，有妨。

是的，现如今，奶酪当之无愧地成为核心利益的代言者。而人们保护核心利益的决心，任何时候都容不得小觑。

　　世上的美味千千万，为核心利益代言，奶酪何以脱颖而出？主创人在书中围绕奶酪的前世今生，凭着科学、扎实的专业功底，全方位地图文呈现。倾注在字里行间的满腔热情，定会满足读者所有的探究之心。

　　感谢为我国奶业发展、为民族强壮孜孜追求的奶业工作者们。希望本书的诞生，能将奶酪浓郁的醇香，浸润到我神州大地；更希望奶酪浓缩的精华，让我中华体魄越来越强。

黄向阳　中国农业出版社

写于2018年10月24日CZ3286航班上